親鸞の手紙

付・恵信尼の手紙

石丸晶子 編訳

人文書院

目次

第一部　親鸞の手紙

第二部　恵信尼の手紙

親鸞の手紙

附・恵心尼の手紙

凡例

一　底本　教学伝道研究センター編『浄土真宗聖典注釈版第二版』（本願寺出版社、二〇〇四）

二　親鸞の手紙として今日に伝わる全四十三通の配列順序は『現代の聖典　親鸞書簡集　全四十三通』（細川行信・村上宗博・足立幸子、法蔵館、二〇〇二）に拠った。

第一部　親鸞の手紙

第一通　王御前（覚信尼）への返書

この手紙は、親鸞の真筆で西本願寺が所蔵している。

なお、宛名の王御前というのは、親鸞の末娘覚信尼の出家以前の俗名。

弥女という女性に関することがこの手紙の内容であるが、この女性の名前は寛元元年（一二四三）十二月二十一日付の親鸞の「譲り状」、すなわち、

譲りわたす弥女事《いやおんなのこと》

身の代わりをとらせて照阿弥陀仏が召し使う女なり。しかるを照阿弥陀仏、東の女房に譲りわたすものなり。妨げをなすべき人なし。ゆめゆめ煩らひあるべからず。後のために譲り文をたてまつるなり。あなかしこあなかしこ。

寛元元年葵卯十二月二十一日

にこの名が出ている。親鸞は七十一歳であった。この「譲り状」の内容を記せば、照阿弥陀仏が身代金を払って弥女を召し使っていたが、この弥女を東の女房に譲り渡すことを親鸞が認める、というもの（証文）。この証文も親鸞の真筆で西本願寺が所蔵している。ところでこの「譲り状」によって、親鸞は弥女の保証人のような立場にあったのではないかと推定されているが、親鸞や王御前（覚信

尼）と弥女がどんな関係にあったかは不明である。

これについて赤松俊秀は、親鸞は「なにが原因でこのような下人を持つようになったのか事情は不明であるが」、関東から京都に戻った親鸞には所領もなく「関東の門弟から送られる信施《しんせ》がおもな収入であったから、下人の『いや女』まで養う力がなかったようである。やむなく親鸞は『いや女』に身代給金を与えて照阿弥陀仏という尼に奉公させることにした」（『親鸞』「家族の動静」）といい、また宮崎円遵は、「弥女が若し単なる下女であるならば聖人《しょうにん》や王御前がなぜそのように心労しているのか」、「弥女は聖人《しょうにん》一家との関係において、何か特殊なものがあるのではないか、ということが思われる」（『定本親鸞聖人全集』第四巻「解説」）と書いている。

ところで、王御前宛のこの手紙がいつ書かれたのか、その詳細は不明だが、[*1]「譲り状」が書かれた親鸞七十一歳を大きく隔たるものとは考えられず、現存する親鸞書簡中、最も早い時期のものと推定される（細川行信他編訳『現代の聖典　親鸞書簡集　全四十三通』）。

＊1　ちなみに、赤松俊秀は真蹟が現存するこの手紙の筆跡から、「おそらく康元・正嘉（一二五六〜一二五八）のものであろう」としている。

弥女《いやおんな》のことでお尋ねの手紙をいただきました。未だ住むところもなく貧しくしています。嘆かわしく嘆かわしく、どうしてやればよいか、わたくしの力に余ってどうしてやることも出来ずにいます。あなかしこ。

三月二十八日

しんらん（花押）

王御前へ

第二通　関東の門弟の疑義に答えた返書

第三世覚如《かくにょ》の二男従覚《じゅうかく》が編纂した『末灯鈔《まっとうしょう》』の巻頭に置かれた手紙である。七十九歳の親鸞がしたためたこの手紙は、年代が確定している手紙のなかでは書かれた時期が最も早い。

臨終来迎とは、阿弥陀仏が念仏者の臨終に際し、極楽から聖衆を率いてその枕辺に迎えに来るという信心で、平安時代に源信が日本における浄土信仰の基礎を築いてからその信心が急速に広まり、高野山の「聖衆来迎図」、宇治平等院の「二十五菩薩聖衆来迎図」壁画、禅林寺の「山越阿弥陀図」、知恩院の「阿弥陀二十五菩薩来迎図（早来迎）」など、平安から鎌倉時代にかけてその有様を描く絵画が数多く描かれた。この手紙をみると、関東の念仏者の間にもこの信心が根強く広がっていたことが窺える。

他方、この手紙が記された背景をさらに絞っていくと、以下のような事情が考えられるという。すなわち、建長年間（一二四九～一二五五）のはじめ、浄土宗鎮西派の第三祖然阿良忠《ねんありょうちゅう》（一一九九～一二八七）が関東に入り、やがて鎌倉をはじめ関東一円で活発な教化活動を展開した。浄土往生を確実なものにするために、人々はみな、念仏して滅罪に努め、しかしてよい臨終と仏菩薩の来迎を願わなければならない、とするのが良忠の立場であった。

一方、絶対他力を説く親鸞にとって、よい臨終を願ったり、臨終における仏菩薩の来迎を願ったりする必要は全くなかった。肝要の一事は、自己一切の計らいを捨てて阿弥陀仏の本願力にすべてを委ねることである。この親鸞の信仰からすると、良忠の教えには何がしかの自力を恃む心が潜んでいたのである。

絶対他力の教えと、自力も大切だとする良忠の教えと。果たしてどちらの教えに依拠すべきなのか。親鸞の教えを受けていた関東の同朋たちの間に、念仏の教えをめぐって混乱が生じた。

親鸞か良忠か。関東の真宗門徒たちのこの動揺を伝え聞いた七十九歳の親鸞は、今、彼らに向かって自己の信ずるところを披歴することになったのである。

親鸞が関東を去って京都に帰り、二十年近い月日が経っていた。

ちなみにこの手紙には、臨終来迎の有無如何とともに、親鸞の絶対他力信仰の核心をなす「現世正《げんせしょう》定聚《じょうじゅ》」ならびに「往相《おうそう》・還相《げんそう》」の信仰も織りなされているが、この信仰については本書第二十四、二十五通の手紙および同解説、第三十通の解説参照。

阿弥陀如来を信じる者の臨終にさいして、仏や菩薩が諸々の聖衆《しょうじゅう》を伴って枕辺に姿を現わし、極楽浄土へ迎え入れてくださるということ、すなわち来迎《らいごう》ということは、自分の力でさまざまに修行し、自力で往生を遂げようとすること、言い換えればもろもろの行《ぎょう》を自力で積んで往生することが出来、また事実往生しようという、諸行往生《しょぎょうおうじょう》の考えから出てきた信心です。

臨終にさいして仏や菩薩の来迎《らいごう》に与りたいと願うのは、そんな自力の人の祈りであって、諸行往生の人（自力の人）の場合に、今までの修行が実って仏・菩薩の来迎があったかどうか、つまりよい臨終であったかどうかが問題になるのです。このようなことが問題になるのはまだ真実の信心を得ていないからに他なりません。

一方、十悪五逆《じゅうあくごぎゃく》の罪人が臨終に際してはじめて真理に導いてくれる師に出会い、信心を持つよう勧められたときにも、やはり臨終来迎があったかどうかということが言われます。しかし真実の信心を得て念仏を行ずる人は、摂取不捨《せっしゅふしゃ》、すなわち阿弥陀如来が念仏を称える生きとし生ける全ての人を見捨てず浄土に往生させるという、すでに成就した誓願に身を委ねているのですから、生きているこの時すでに、浄土に往生して悟りを開くのと同じ悟りの境地に達しているのです。それゆえ、この人々にとっては臨終を待つ必要はありません。聖衆を伴った仏・菩薩の来迎を恃みとする必要もないのです。

信心が定まる時に往生もまた定まるのであって、信心が定まった人々にとっては臨終来迎に与るための儀式などというものは全く必要のないことです。

正念《しょうねん》、つまり真実の悟り、ということが言われますが、この真実の悟りとはもはや雑縁《ざつえん》にも心が乱されず、一切衆生を浄土に往生させるという弥陀の御本願を、疑心なく信じて寿ぐ心が定まることを申します。

この信心を得たならば、必ず煩悩を離れ、最高の悟りの境地に達します。

この信心を一心という。

この一心を金剛心という。

この金剛心を大菩提心というのです。

ここで大菩提心と申しますのは、悟りを求める心は自分の努力や修行によって生じるのではなく、ひとえに、真理より現れた御方である阿弥陀如来によって与えられるものでありますから、「大」と申すのです。

これがすなわち、他力のなかの他力であります。

また正念、つまり悟りということについてですが、この悟りに二つのことがあります。一つは定心《じょうじん》の行者、すなわち念仏に心を集中させて行う人の悟り。他の一つは散心《さんじん》の行者、すなわち日常茶飯のことに心を散乱させながら念仏する人の悟りです。

しかしこの二つの悟りは二つとも、他力の中の自力の悟りに他なりません。

なぜなら、集中した心で行う念仏も、散乱した心で行う念仏も、究極のところ、自分の力を恃むことから解放されてはいないからです。これらの念仏は、自力で念仏に励みそして往生しようという、諸行往生を期する念仏の範疇に入っていますから、他力の中の自力の念仏なのです。

この自力の念仏行者たちは、来迎を待たなくては浄土の辺界《へんかい》に往生することもできません。であリますから、阿弥陀如来は四十八願中の第十九の誓願、すなわち、

あらゆる世界の衆生が悟りを求める心を起こし、諸々の善行を修めてわたしの国に生まれたいと心から願う時、この人々の臨終の枕辺にわたしが菩薩たちとともに来迎できないならば、わたしは正しい悟りを得て仏になるようなことは決してしまい。

（たとい我、仏を得んに、十方衆生、菩提心を発し、もろもろの功徳を修して心を至し、願を発してわが国に生まれんと欲わん。寿終《よわい》る時に臨んで、たとい大衆を囲繞してその人の前に現ぜずんば、正覚《しょうがく》を取らじ）

という誓願を起こして、自力を恃んで諸々の善を行い、自分のこの善を浄土に廻向《えこう》して自力往生しようと願う人の臨終には、如来が姿を現して来迎しようと誓われたのです。

臨終を待つということ、そして仏・菩薩の来迎をうけて往生するということは、このような定心《じょうじん》、散心《さんじん》の念仏行者が言うことなのです。

しかし、阿弥陀仏が選択《せんちゃく》された本願の念仏は、有念《うねん》の念仏でも無念《むねん》の念仏でもありません。

有念の念仏とは色や形を心に思い浮かべて行う念仏であり、無念の念仏とは形も色も思うことなく、まったく観念のない念仏のことであります。

ところで、この有念・無念ということはみな聖道門《しょうどうもん》仏教の教えであって、修行してこの世で聖者となり、悟りを開く聖道《しょうどう》の道というものは、すでに仏の位に至った人が、凡夫である我らの心を教え導くために説かれた道なのです。仏心宗《ぶっしんしゅう》、真言宗《しんごんしゅう》、天台宗《てんだいしゅう》、華厳宗《けごんしゅう》、三論宗《さんろんしゅう》などの大乗仏教の教えです。

仏心宗というのは今の世の中に広まっている禅宗がこれです。また法相宗《ほっそうしゅう》などの大乗権教《だいじょうごんきょう》や成実宗《じょうじつしゅう》、倶舎宗《くしゃしゅう》などの小乗の教えもみな聖道門仏教に含まれます。

ここでなぜ大乗権教と言うかと申しますと、すでに仏の位に至りついた仏もしくは菩薩たちは、われら衆生を真理に導くために時宜に応じ、仮りのこととしてさまざまに姿を変えて人々を教え導かれるがゆえに、権教、つまり仏菩薩たちがその時に応じて仮りの姿をわれらの前に現わし、教え導く教えというのです。

ところで、浄土門にも有念と無念があります。有念は散心、つまり未だ禅定《ぜんじょう》に入っていない散乱した心で行う念仏。無念は定心、つまり禅定に入って行う念仏。しかし浄土門でいう無念は、聖道門でいう無念とは違っております。また聖道門の無念のなかには、さらに有念がありますから、その道に詳しい人によくよくお尋ねなさい。

浄土門の中にも永遠に変わることのない法《のり》と、時の衆生を導くために方便として説かれた一時的な仮りのものとがありますが、永遠に変わらない真なる法《のり》とは選択本願の念仏に他なりません。またその時に応じて説かれた仮りのものとは定心散心の念仏で、これらはともに自力の念仏です。

この中で、弥陀の本願によって浄土に往生する道、すなわち、選択本願《せんちゃくほんがん》の念仏こそが浄土の真の教え・真宗であって、いまだ自分の力に頼っている定心散心の二つの念仏は、方便の仮りの教えに過ぎないのです。浄土真宗は大乗のなかの大乗の教え。

また方便としての仮りの門の中にも大乗と小乗、権教《ごんきょう》と実教《じっきょう》に分かれる教えがあります。釈迦如来が教えをお受けになった師は、百十八人であったと『華厳経』に記されております。

南無阿弥陀仏

建長三歳（一二五一）閏九月二十日　　釈親鸞七十九歳

第三通　教忍坊への返書

法然によって立宗された浄土宗の核心は、阿弥陀仏の本願力によって衆生《しゅじょう》の浄土往生が可能になった、と信じる本願念仏往生の信仰である。

しかし、念仏往生をめぐっては法然在世中でさえ、一度念仏すれば往生が約束されているとして「一念義」を称える者、生涯できるだけ多くの念仏を称えることが大切だとする「多念義」の者などがあり、「一念義」を称える者の中には、どのような悪を行っても一度の念仏で浄土へ往生できるのだ、といって「造悪無碍《ぞうあくむげ》」を称える者がいた。

このような「造悪無碍」を称える「一念義」の者に対しては、「獅子身中の虫」として厳しく退ける法然の手紙が残っている（拙著『法然の手紙』「越中国光明房への返書」・「平基親への返書」）。

かかる状況であったから、法然没後は一念、多念、有念《うねん》、無念《むねん》、造悪無碍をはじめさまざまな異説が現れ、人々を惑わしていた。この手紙からもこの間の事情が窺えるのであって、赤松俊秀『親鸞』「善鸞の異義」は、親鸞が関東を去って十六年後と推定される建長三年（一二五一）頃から、こうした教義上の争いが深刻化し同朋たちは動揺しはじめていた、と記している。

手紙に記される護念坊は、上総国猿島に住む僧で、この手紙の宛名教忍坊は、『親鸞聖人門侶交名牒』（以下『交名牒』）に顕智の門弟としてその名が記されている。顕智は浄土真宗高田派の第三世になった人で、親鸞の高弟であった。[*1]

また手紙の冒頭には、東国の信徒たちから京都の親鸞に届けられた志納金に対する礼が記されているが、史料を博捜しての平松令三氏の論文によると、関東滞在時代から親鸞は善光寺聖の一人で、その中でも「頭目的存在」であり、善光寺から「勧進上人」に補任されていたろうという（『親鸞の生涯と思想』「善光寺の信仰とその勧進念仏聖親鸞」）。

また同氏によると（『親鸞』「越後から関東へ越えて二十年」・「帰洛の理由と京の生活」）、関東滞在中の親鸞の教化活動によって各地に生まれた門弟たちは、善光寺聖として親鸞と行動を共にしたにちがいなく、そこに親鸞を頂点とする勧進聖の組織も確立し、この組織が親鸞の経済生活を支えていた。このことは当時の荘園制経済の仕組みから当然推測されることであって、下級の勧進聖は勧進物の中から自分の生活の資を差し引いた残りを上級聖に差し出し、上級聖は一定額を自分の得分として差し引き、残りを本寺へ上納する仕組みになっていた。この手紙の初めに親鸞が、

……。また先にはご当地の方々からの、わたくしがみな様に念仏をお勧めした感謝のしるしだというご趣旨の御志も、たしかにいただきました。

と記しているこの志納金は、上級聖としての親鸞の得分であった。しかし親鸞はこの「得分」を当然のこととして受け取らず、感謝して受納したのである。[*2]なお、詳細は平松令三著『親鸞の生涯と思想』および『親鸞』参照。

ちなみに『現代の聖典　親鸞書簡集　全四十三通』によると、「銭二百文」は一万二千円に相当するという。

＊1　顕智については本書第十一通本文の注＊4、第三十八通解説参照。
＊2　帰洛後の親鸞の経済生活については、赤松俊秀『親鸞』も、親鸞には「所領とて別になく、

関東の門弟から送られる信施がおもな収入であった」（二六〇頁）と記している。

上洛された護念坊の幸便に託してくださいました教忍坊からの銭二百文、御志として頂戴いたしました。また先にはご当地の方々からの、わたくしがみな様に念仏をお勧めした感謝のしるしだというご趣旨の御志も、たしかにいただきました。

わたくしの感謝の気持ちをみな様にお伝えください。みな様一同への感謝の気持ちはこの手紙に代えさせていただきますが、どうかよろしくお伝えください。

さて、この度のお尋ねはまことによいご質問です。

まず初めに、往生にはただ一念で足りる、というのは真実その通りでありましょう。しかし、そうであるからといって一度の念仏以外に念仏を称えてはならない、ということではありません。

そのわけは、法然上人の『選択集』に基づいて御弟子の聖覚上人《せいかくしょうにん》が書かれた『唯信鈔《ゆいしんしょう》』に詳しく記されております。よくよくご覧になってください。

一度の念仏よりももっと数多く称えられた念仏は、その功徳を十方世界の衆生に振り向けなさい、ということもその通りでしょう。

しかし一念以外の、二度、三度……と称えられた念仏はみなその功徳が十方世界の衆生に振り向けられるのだといって、自分の往生のために二度、三度と念仏を称えるのは間違ったことだ、ともしお考えになるようでしたら、それは誤りだと言わなければなりません。

法然上人は、阿弥陀仏がお誓いになった四十八の御誓願の中の、

「たとえわたしが仏になったとしても、あらゆる世界の衆生がわたしの国である浄土に生まれたいと心から願い、そして信じて十度の念仏を称えても、なお、わたしの国に生まれることができないならば、わたしは決して正しい悟りを得て成仏することはしまい」

という第十八本願を、念仏往生の本願と仰せでありました。わたくしは法然上人から多く念仏する者も一念一称の者もみな等しく往生するのだと承っております。一度の念仏で必ず往生するのだといって数多く念仏する者は往生できないとして退けるようなことは、断じてあってはならないことです。『唯信鈔』をよくよくご覧になってください。

また有念《うねん》・無念《むねん》と申しますことは他力の教えを記した法文《ほうもん》には説かれておりません。これらはみな自力の法文を説く聖道門《しょうどうもん》で言っていることです。

また阿弥陀如来が選び取られた本願に依る念仏は、仏身《ぶっしん》や浄土の色や形を観想して称える有念のものでも、色や形を離れ真理と一体になろうとする無念のものでもないと言われてお

ります。たとえどのような人が申しましょうとも有念無念といった考えを決して用いてはなりません。これは聖道門で言っていることを誤り聞いてそれを浄土の教えに取り入れて言っているのではないでしょうか。決して決してお用いになってはなりません。

また「慶喜《きょうき》」と申しますのは、他力の信心を得てすでに往生は決定《けつじょう》していると喜ぶ心をいうのです。

「常陸の国の念仏者の間には有念だとか無念だとか念仏についてあれこれ論じ合っていると聞えてくるけれどもそれは間違ったことです」とお話したことがあります。どうして同朋の方々がそんなことになっているのかと考えますと、他力の念仏は行者の計らいではないからそれは有念でも無念でもない、とわたくしが申しましたことを誤って受け取り、有念だ無念だと騒いでおられるのではないでしょうか。

阿弥陀如来の選択本願は行者の計らいが加わらないからこそ、ひとえに、他力というのです。一度の念仏がよいのだ、いやたくさん念仏するのがよいのだ、などと言い争うようなことが決してあってはなりません。

なおまた、一度称えた念仏以外の念仏を総ての世界の衆生に振り向けると申しますのは、釈迦如来・阿弥陀如来のご恩にお応えしようという心で振り向けるのであればよいのですが、だからと言って、一度だけの念仏ではなく二度三度と念仏して往生を願うことが間違っていることは言えません。

これらについては、『唯信鈔』をよくよくご覧になってください。

阿弥陀如来の本願は念仏往生のご誓願であるのですから、一度の念仏も十度の念仏もともに往生することに間違いはないのだとお思いになりますように。あなかしこあなかしこ。

十二月二十六日　　　　　　　　　　　　　　　　　　　親　鸞

教忍御坊御返事

第四通　常陸の国南部の同朋への手紙

建長四年（一二五二）、明教房をはじめ東国の同朋たちが上洛し、東国からの懇志が届けられるとともに彼らの国許の様子が八十歳の親鸞に伝えられた。

この手紙は、それを伝え聞いた親鸞が「鹿島《かしま》、行方《なめかた》、南《みなみ》の庄《しょう》」という常陸南部の同朋《どうほう》に宛てて書いたものである。ここで親鸞は浄土の真の教えについて説き明かし、同朋たちを惑わせている「造悪無碍《ぞうあくむげ》」の考えや、同行《どうぎょう》を侮ることなどを強く戒めている。

当時、親鸞門徒の中に「造悪無碍」の考えを説く僧たちが存在していたのである。第三通「教忍坊への返書」の項でも記したが、この「造悪無碍」というのは、阿弥陀仏の本願によって、むしろ進んで悪を行う者が弥陀仏救いの対象になるのだという邪まな考えで、親鸞が法然から受け継いだ「悪人正機《あくにんしょうき》」の信仰を換骨奪胎する異端であった。

我が身を見つめれば、人間はみな、悪人としかいいようのない存在である。聖者法然でさえ、「十悪《じゅうあく》の法然房《ほうねんぼう》」と我が身を悲しみ、阿弥陀仏の救いに与る身となったのをよろこんだのであった（拙著『法然の手紙』「常に仰せられたことば」等）。

法然が「越中国の光明房に宛てた返書」や「平基親への返書」で厳しく記しているように、弥陀の本願に浴した者は一切衆生救済の本願に甘えず、「悪を厭う者」でなければならないのである。

また一方、「造悪無碍」の考えは犯罪と反社会的行為に結びつきやすく、念仏信仰に対する他宗や為政者からの批判弾圧の温床になっていた。たとえば、文暦二年（一二三五）七月十四日に発令された鎌倉幕府の法令をみると、念仏者のなかには魚鳥を喰らい、女人を招きよせ、党類を結んで酒宴を恣好《ほしいまま》にする者があり、これを鎌倉中から追放するように命じている（『中世法制史料集』第一巻。平松令三『親鸞』「帰洛の理由と京の生活」による）。

ご当地の方々からの御志のもの、数通りにたしかに頂きました。

明教房が上洛されましたこと、有難く存じます。みなさま方の御志は、言葉に尽くし難く、まことに有難うございました。

明法房の往生のことはいまさら驚くことではありませんが、返す返すもうれしいことです。鹿島《かしま》・行方《なめかた》・奥郡《おうぐん》などの往生を願っている人々皆のよろこびです。

また平塚の入道殿のご往生のことを聞きましたが、まことに言い尽くし難いよろこびです。このめでたさ、言葉に尽くすことができません。みなさま方もそれぞれ、往生は決定《けつじょう》しているとお思いください。

しかしながら往生を願う人々の中においても、わたくしには心得がたいことがありました。

ここ京都においても、み教えを誤って心得、さまざまに惑い合っている者がいるようです。地方でもそんな状況があるのをよく耳にいたします。

法然聖人のみ弟子の中においてさえ、我こそは優れた学者だなどと自負していた人々が、聖人が亡くなられた今では、皆さまざまにみ教えを言い換えてしまい、自分も惑い、他の人をも惑わして、互いに迷っているようです。

詳しく聖教のみ教えに触れたことのない丁度あなたたちのような人たちが、放逸無慚、どんなことをしても往生の障りにはならないのだとだけ聞いて、み教えを誤り理解することが多数ありました。今もなお同様のことであろうと思われます。

浄土の教えも知らない信見房などが説くことに惑わされて、いよいよ道を誤って行かれるように聞きますのはまったく呆れ果てたことです。

あなた方も以前は弥陀の誓願を知らず、阿弥陀仏のみ名を称えることもなかったのですが、釈迦・弥陀の御導きによって、現在では弥陀仏のご誓願のことも聞き始められました。昔は宇宙の真理、人生の真理を知らず、無明《むみょう》の酒に酔い痴れて、貪欲《どんよく》・瞋恚《しんい》・愚痴《ぐち》の三毒《さんどく》ばかりを好んで召し上がっておられましたのに、弥陀仏の誓願を聞くようになられてからは無明の酔いも少しずつ醒め、以前は好んでいた三毒も少しずつ好まないようになって、阿弥陀仏のみ名という薬を常に好んで口にする身となられたのですよ。

でありますのに、まだ以前の酔いがすっかり醒め切ってはいないのに重ねて酔いを嵩じさせ、毒も抜け切ってはいないのにまた毒を勧められているようなことは、呆れ果てたことです。

煩悩具足《ぼんのうぐそく》の身なのだと言い訳をして、心の欲するままに、行ってはならないことを行い、言ってはならないことを言い、心に思ってはならないことを思う、そんなことを自分に許して、どんなことでも心のままにあるのがよいのだと互いに言い合っていると聞きますことこそは、返す返すも困ったことです。酔いが醒めないのになお酒を勧め、毒がまだ消えないのに重ねて毒を勧めるようなものです。「薬があるから毒を好んでもよい」ということは、あってはならないことだと思います。阿弥陀仏のみ名を聞き念仏を称えて年久しい人々は、来世で悪処《あくしょ》へ行くことを厭う印《しるし》が、またわが身の悪しきことを厭い捨てる印が、あってもよいと思うのです。

はじめて弥陀の誓願のことを聞き初めた人々がわが身わが心の悪しきことを思い知って、このような身でどうして往生できようかという時にこそ、そのような人々に対して、弥陀は煩悩にまみれたわれらの善悪を問題にされず、浄土へお迎えくださるのですよ。そしてこのことを聞いた後、仏を信じようと思う心が深くなっていけば、悪に染まったこの身を心から厭い、生々世々に亘って流転していくことをも悲しんで、深く仏の誓願を信じ、阿弥陀仏のみ名を心から称えるようにもなりましょう。このような人が、「今後は決して、心のままに悪事を働いたり振舞ったりはしまい」と思うのであってこそ、世を厭い浄土を願う印なのです。

また浄土へ往生したいという信心は、釈迦と弥陀二仏の御勧めによって起こるのだと聖教《せいきょう》に記されているのですから、以前はどうであれ、まことの信心を起こされた今はどうして昔のままのお心でいることができましょう。

ところでこれらのことに関して、ご当地の方々の少々よからぬ噂が京にまで聞えているようです。師を謗り、念仏の教えを勧め導く師を軽んじ、同信の良きともがらを侮るなどといったことが伝わっておりますが、浅ましいことです。それはすでに謗法《ぼうほう》の人であり、五逆《ごぎゃく》の人です。かかる人々に慣れ親しんではなりません。曇鸞大師《どんらんだいし》[*1]の『浄土論註《じょうどろんちゅう》』という文献には、

「このような人は仏法を信じる心がないからそうした心が起こるのだ」

と書かれています。また善導和尚《ぜんどうおしょう》[*2]の『観経疏《かんきょうしょ》』の中の至誠心を記した箇所では、

「そのような悪を好む人には慎んで遠ざかり、近づいてはならない」

と説かれています。また善き師や同信のともがらには親しみ近づけと説かれております。悪を好む人にも近づいたりするのは、今のこの煩悩具足の身において行うことではありま

せん。そのようなことは浄土へ往生し、そこから衆生を救済するために再びこの世へ還って来たとき、その時初めて出来ることなのです。

その時にこそ、罪人にも近づくということがあるのです。しかしそのことも、自分の計らいによってするのではありません。弥陀の誓いにより、その御助けによって、わが身は思いのままに振舞いながら、しかしそこでおのずと、衆生救済の働きをなすこともできるのです。この点、現在のわれらのごとき煩悩具足の身ではどうであろうかと思われます。よくよくお考えになってください。

往生を願う金剛のような強い信心が起こるのは、仏の御計らいによるのです。それゆえ、金剛のごとき信心を得た人は、よもや師を謗ったり善き師を侮るようなことはいたしますまい。

この手紙を鹿島《かしま》・行方《なめかた》・南《みなみ》の庄《しょう》のいずれであっても、念仏往生に心を寄せている人にはどうか心を一つにして読み聞かせてください。あなかしこあなかしこ。

建長四年（一二五二）二月二十四日

＊1　曇鸞（四七六〜五四二）は五世紀〜六世紀にかけて活躍した中国の仏教者。在世中からその高徳が知られ、世親《せしん》（インドの仏教者。天親《てんしん》ともいう）の『浄土論』を注釈した『浄土論

註』は、後世に大きな影響を与えた。浄土七祖の一人で、親鸞は『七高祖和讃《しちこうそわさん》』の第三番目に曇鸞を置き、七高祖中最長の三十四首をもって曇鸞を讃えている。親鸞の教えの中心をなす「往相《おうそう》」「還相《げんそう》」の二種の廻向《えこう》、および阿弥陀仏を色・形のない「法身の仏」とする信仰思想は、親鸞が曇鸞を継承しさらに展開させたものである。なお阿弥陀仏を「法身」と捉える信仰思想に関しては第十通解説、第十四通本文注＊2、第三十八通本文注＊1及び第二十二通本文等参照。

なお、七高祖とは、親鸞が選んだ浄土教の師表となる七人の高僧のことで、インドの竜樹《りゅうじゅ》、世親《せしん》（天親《てんしん》）、中国の曇鸞《どうらん》、道綽《どうしゃく》、善導《ぜんどう》、日本の源信《げんしん》、源空《げんくう》（法然）の七人をさす。

＊2　善導（六一三～六八一）は七世紀、中国唐代の浄土教大成者。二十九歳の時、道綽禅師《どうしゃくぜんじ》の『観無量寿経《かんむりょうじゅきょう》』の講義を聴いて深く浄土教の念仏に帰依。終生《しゅうせい》身を持すること厳しく、伝道布教の情熱の熾烈なること類をみなかった。長安の光明寺で長く教導したので「光明寺の和尚」と呼ばれる。主要著書に『観無量寿経』を注釈した『観経疏《かんきょうしょ》』、『法事讃《ほうじさん》』、『般舟讃《はんじゅさん》』など。法然の立場は「偏依善導《へんねぜんどう》」（偏《ひとえ》に善導に依《よ》る）といわれ、親鸞は『七高祖和讃』の第五番目に善導を置いて讃えている。

第五通　常陸の国北部の同朋への手紙（一）

この手紙は本書の第六書簡、第七書簡と合わせて『末灯鈔』では第十九通目の手紙として一括して編集されている。

しかし書誌学的研究によって、現在この手紙は、

「まことの信心を教えてくれる善き友を疎《うと》んじ、師を謗る者は」

で始まる本書第七書簡とともに、

「お手紙をたびたび差し上げましたが、ご覧にはなりませんでしたか」

で始まる本書第六書簡の追伸であったと想定されている。

つまり、本書の第五、第六、第七書簡は、元は一通の手紙で、本文は本書第六書簡であり、本書の第五、第七書簡は第六書簡の追伸であった。

本書第四書簡が常陸南部の同朋《どうぼう》に宛てたものであるのに対し、これら第五（追伸）、第六（本文）、第七（追伸）の書簡は、奥郡つまり常陸北部（常陸国那珂郡以北）の同朋たちに宛てて、南部の同朋への手紙と同じ時期に書かれたものであろうという。

『高田正統伝』や『大谷遺跡録』によると、手紙に記される明教房という念仏者は文永五年（一二

六八）に寂した人で、福島市にその遺跡があるという。

また上洛した人々がその往生のさまを伝えたという明法房は、常陸在住の親鸞の直弟子であった。『交名牒』によれば、親鸞の教えに帰依する以前、彼は常陸国北郡在住の山伏で、ある日、親鸞を亡き者にしようとし、親鸞が住む稲田（現在の茨城県笠間市）の草庵に乗り込んで行った。しかし親鸞に出会った瞬間、悪心が消え、たちどころに前非を悔いて親鸞に帰依。念仏の人になったという。建長三年（一二五一）六十八歳で寂した。


この度の明教房のご上洛は、まことにありがたいことと存じます。明法御房の御往生のことを、直接伺うことができましたのもうれしいことでした。

みなさまの御志もありがたく存じます。

ともあれ、お国からこのように多くの方々が上洛してくださいましたこと、ほんとうに思いがけないことでした。どうかこの手紙を、誰であれ同じ心の人々に読み聞かせてください。この手紙は奥郡《おうぐん》におられる同朋の方々皆に、同様にご覧になっていただきたいのです。あなかしこあなかしこ。

この年来《としごろ》、念仏を称えて往生を願ってきたことの証しは、以前は良くなかった自分の心を反省し、友だちや同じ念仏信仰に生きる同朋たちを大切にして、互いに仲良く生きていこうと心がけるところにあります。そしてこれこそが、この迷いの世界を厭う証しでありましょう。

どうかこのことをよくよくお分かりになってください。

第六通　常陸の国北部の同朋への手紙（二）

「第五通　常陸国北部の同朋《どうぼう》への手紙（一）」の解説で記したように、本書第五、六、七書簡を、『末灯鈔』は一括して一通の手紙とし、第十九通目に置いているが、現在は書誌学的研究の進展によって、以前一括されていたこれら三通の手紙は、本書第五、第六、第七に記す三通の手紙として分かれて編集されるようになっている。

この手紙が「お手紙をたびたび差し上げましたが……」と書き出されているのをみると、親鸞の手紙を受け取った関東の同朋たちはその都度返事を書くことをしなかったのであろうか。伝承によれば、親鸞が北関東の同朋に送った手紙は「およそ九十二通」に上るという（五十嵐大策『親鸞聖人御消息講読』）。

関東の同朋たちに親鸞がしばしば手紙を送ったのは、阿弥陀仏の本願往生の教えが彼らに正しく伝わっていない場合が多かったからであり、「造悪無碍」をはじめさまざまな異義が人々の心を惑わせていたからであった。遠く離れた京都から関東の同朋たちの教導に努める親鸞の姿が彷彿としてくる。

お手紙をたびたび差し上げましたが、ご覧にはなりませんでしたか。何よりも、明法御房《みょうほうごぼう》[*1]が往生の本意を遂げられましたことこそ、常陸の国の念仏に志される人々のためによろこばしいことです。いずれにいたしましても、往生は煩悩に囚《とら》われ、迷いの世界を彷徨《さまよ》うわれわれ凡夫があれこれ計らってするものではありません。

立派な学者も計らうことはできませんし、大乗、小乗の聖人たちでさえも、あれこれと計らわず、ただ弥陀の願力《がんりき》にお任せしてこそ、はじめて往生することができるものなのです。ましてあなたがたのような在家の人々にとっては、この凡夫往生の御誓願があるのを聞き、南無阿弥陀仏のみ名に出会われることこそが、ありがたくすばらしい果報というものでありましょう。とかくの計らいがあってはなりません。

先にお送りした聖覚法印《せいかくほういん》[*2]の『唯信鈔』や隆寛律師《りゅうかんりつし》[*3]の『自力他力《じりきたりき》』などの書物をよくご覧になってください。これらをお書きになった方々こそは、この世におけるすばらしい導き手なのです。

聖覚法印も隆寛律師もすでに往生を遂げておられるお二方ゆえに、これらの書物に書かれていることどもは、何事も何事も、これに勝るものはないのです。この方々は、法然聖人のみ教えをよくよく理解した方々でもありました。であればこそ、往生もめでたく遂げられたのです。

長年念仏を称えてきた人々の中にも、自分勝手な思い込みだけを一途に言いふらす者もおりました。現在においても同様のことであろうと思います。明法房が往生されたのも、元は訳の分からぬ誤った不可思議な考えをお持ちであったのを、その後、翻されたからこそのことでありました。

自分は念仏を称えているから往生できるのだといって、してはならないことをし、思うべきではないことを思い、言うべきではないことを言う、などといったことがあってはなりません。貪欲の煩悩に狂わされているからこそ欲も起こり、因果の結果としてどうしようもなく降り掛かって来たのに、その因果を受け入れることが出来ないからこそ、煩悩に狂わされて怒り妬む、また愚痴をいう煩悩に惑わされているからこそ、思うべきではないことを思う、そんな心が湧き起こってくるのですよ。

有難い仏のご誓願に甘えて殊更にすべきではないことをし、思うべきではないことを思いなどするのは、この世が厭うべきところであるのを知らず、凡夫のこの身がもともと悪に染んだものであることを思い知らぬ結果なのですから、そんな人々はお念仏を志すこともなく、仏のご誓願に心を寄せることもないのです。このような人々は、たとえお念仏を称えられたとしてもそのようなお志では次の世に往生されることは難しいのではないでしょうか。

よくよくこのことを他の方々にも説き聞かせてください。このようなことは申し上げる必要もないでしょうが、あなたがたは、何事につけわたくしのことをお心に懸けてくださいますので、申し上げるのです。

以上、申し上げました他にも、念仏の教えに関しましてはそれぞれ異なったことがあれこれさまざまに言われ、その一つ一つを取り上げてここで言及することはできません。しかし、故法然聖人のみ教えをしっかりと承っておられます方々は、今も聖人ご在世の時と異なったことを言われることなく、当時とまったく同じ教説を説いておられます。このことは世に広く知れ渡っていることですから、あなたもお聞きになっているでしょう。

法然聖人がお教えくださいました浄土宗の教義とはすっかりかけ離れてしまったものを信奉している人々も、かつては法然聖人の御弟子でした。しかしこの人々は聖人のみ教えをさまざまに言い換えたりして自分も迷い、人をも惑わし迷わせているのです。

嘆かわしいことです。

ここ京都でも多くの人が惑い迷っているらしい。まして田舎では、どんなにか多いことでしょう。もはや驚くこともいたしません。

何事も言い尽くしがたく存じます。

またの機会に申し上げましょう。

＊1　明法房については本書第五通の解説参照。

＊2　聖覚法印（一一七六～一二三五）は法然の高弟というよりも異色の同調者というべき人である。信西《しんぜい》入道の孫で著名な説教師・澄憲《ちょうけん》の子である彼は、比叡山の竹林房静厳《じょうごん》に師事した後、法然にも師事。『唯信鈔』等を著した。生涯に渡って父澄憲とおなじく説法が巧みなことで知られた。

法然門下というよりも同調者というべき位置にいた彼は、しかし法然の信仰の真髄には達していたらしく、『明義進行集』は「わたしの亡き後、念仏往生の義を正しく理解している人は聖覚と隆寛である」という法然のことばを伝えている。

親鸞は関東の同朋に宛てた手紙の中でしばしばこの聖覚の『唯信鈔』に言及して読むように勧め、自身でもたびたび『唯信鈔』を書写して弟子たちに与えた。さらにまた、文字に疎い人々にも分かるようにと願って『唯信鈔』の注解書である『唯信鈔文意《ゆいしんしょうもんい》』を著している。

＊3　隆寛律師（一一四八～一二二七）は法然の門弟で浄土宗長楽寺派の祖である。比叡山で慈円に師事して天台を学び、その後法然に師事。洛東長楽寺来迎房に住して念仏を事とした。法然示寂後、一念義が台頭するなかで彼は多念義を主張。「嘉禄の法難」で奥州に流されることになったが、護送の途中、相模の飯山で寂した。

著書に『一念多念分別事』、『自力他力分別事』『後世物語』その他。親鸞は隆寛を深く敬慕し、「田舎の人々の文字を知らぬ」人々も容易に理解できるよう隆寛の著書を註解した『一念多念文意《いちねんたねんもんい》』を書いている。

第七通　常陸の国北部の同朋への手紙（三）

この手紙については本書第四通、第五通、第六通の解説参照。

内容は本書第四通の手紙と関係しているため、この手紙も親鸞八十歳頃のものであろうと推定される（五十嵐大策『親鸞聖人御消息講読』）。

いずれの手紙をみても、創成期における関東の念仏者たちの混乱した信仰世界とともに、京都から手紙を送り続けて彼らを教導しようとする親鸞の懸命さと嘆きが伝わってくる。

『歎異抄』は「親鸞は弟子一人ももたず候ふ」、「弥陀の御もよほしにあづかつて念仏申し候ふひとを、わが弟子と申すこと、きはめたる荒涼のことなり」という親鸞のことばを伝えている。親鸞は師弟関係による教団の組成を否定した。

しかし、同信の人々が聞法のために集まればグループが生まれるのは自然の勢いである。

ここで、以下平松令三氏の『親鸞の生涯と思想』「東国三十年の伝道の中から」によって当時の真宗門徒たちの数等を記してみると、当時、日本の全国総人口は約一千万。そして親鸞示寂後四十七年の史料（青蓮院発出文書）をみると、門弟数は数千で諸国に散在していた。『交名牒』には親鸞の直弟として四十八人の名前が記されているが、仮に直弟一人に一〇〇人の信徒がいたとすると、四八〇〇人になり、史料が記す「数千人」という数字ともほぼ重なっている。

しかし、少なくとも親鸞在世中、たとえば「高田門徒」と呼ばれる人々の住所を調べてみると、彼らは奥州から遠江まで各地に分散していて、統一行動をとる集団を形成することは不可能であったと考えられる。またこの「高田門徒」[*1]「横曽根門徒」その他各地に散在する門徒たちにしても、一つの道場に集まった人々は「同行」として親交したにせよ、他の道場の「同行」と交流した形跡はなく、師を異にした門徒の地域集団は成立しなかったと考えられる。

＊1　直弟子たちの地域的分布については本書第十八通の解説参照。

まことの信心を教えてくれる善き友を疎《うと》んじ、師を謗る者は、誹謗の罪を犯す者です。

また親を謗る者は五逆の罪、つまり、

①父を殺し。　②母を殺し。　③阿羅漢《あらかん》を殺し。　④仏身を傷つけ。　⑤仏教教団の平和を乱す。

の罪を犯す者と申します。かかる人々とは同席してはならないといわれております。そこで、以前常陸北《きた》の郡《こうり》にいた善乗房は親を罵り、また親鸞をさまざまに謗《そし》り罵《ののし》りましたので、近づいたり親しんだりすることなく遠ざかっておりました。

明法御房が浄土に往生されたことを聞きながら、この先達の跡を疎かにするような人々は同じ信心に生きる念仏のともがらではありますまい。

この人々が、真理を悟らず煩悩に囚われ無明《むみょう》の世界の酒に酔っている周りの人にさらに酔いを勧めたり、貪欲《どんよく》・瞋恚《しんい》・愚痴《ぐち》という三つの毒を久しく好んで食してきた人にいよいよ以って毒を食すことを許し、もっともっと好きなだけ食べよと言い合っていると伝え聞きますが、ほんとうに憐れなことです。

この人々は無明の世界の酒に酔っていることを悲しむべきであるのに、三つの毒を好んで食べ、未だ毒が消えずに依然として無明の闇に取り巻かれ、酔いが醒めないままでいるのです。よくよくお分かりになってください。

第八通　常陸の国北部の同朋への手紙（四）

親鸞が手紙で度々叱責しているように、現在では考えられないことであるが、当時関東では造悪無碍の邪義が蔓延していた。そういってよければ、嘗て教育といえるような教育を受けず、多くは土にしがみ付いて放恣に生きてきた「文字も知らぬ田舎の人々」[*1]が、突然、「本願他力。一切衆生往生」の話を聞いたのである。親鸞が戒めている東国の念仏者たちのさまざまな行跡と心の闇は、こうした背景の下に湧き出した混乱ではなかったか。

この手紙もかかる関東の状況を嘆き、指導的立場にあると見られる人物に宛てた厳しい叱責の手紙である。原文の語調は極めて烈しく強く、親鸞の嘆きと怒りがひしひしと伝わってくる。

＊1　親鸞は『一念多念文意』の「あとがき」に相当するところを「南无阿弥陀仏」と題し、「田舎の人々の文字のこころもしらず、あさましき愚癡きわまりなきゆえに、やすく心得させむとて……」と書き出している。

如何なることにも増して大切な仏の教えを知らず、また浄土の教えの真髄も知ることなく、考えも及ばぬ程に勝手気儘で恥知らずの者たちに対して、悪事は思うままに振舞えばよいと説いておられるのこそ、返す返すもあってはならないことであります。北の郡にいた善乗房[*1]といっておりました者に、わたくしが最後まで親しむことなく終ったのを御覧にはなりませんでしたか。

凡夫だからといって何事も思うままにするならば、盗みをしたり人を殺したりするようなことが起きるかもしれません。しかし、このようなことが果たして許されるであろうか。

以前は盗み心のあった人もその後は極楽を願い念仏するようになったならば、以前の間違った心を思い直し改めてこそあるべきに、そんな悔い改めの心もみられないような者たちに「悪事を働いても苦しくない」と説くことなど、決してあってはなりません。

われら人間は、煩悩に狂わされて自分でもそう思ってはいないことを言ってしまい、言ってはならないことを言い、思うべきではないことを思ってしまうものです。往生の障りにはならないといって他人に対して腹黒く構え、してはならないことをし、言ってはならないことを言うならば、それは煩悩のせいではなく、故意に行ったことで返す返すもあってはならないことです。鹿島や行方の人々の間違った行いを止めさせ、その周囲に住む人々の歪んだ考えを制止されてこそ、信仰の道をわたくしと共に歩いてきた証しでありましょう。

何事であれ心のままに振舞え、と説いておられるようですが、浅ましさの限りです。たとえ世間で行っていようとも、この世の悪いところはすべて捨て去り、浅ましいことは一切しないことこそ、世を厭い往生を願って念仏する者の姿であるのです。年来、念仏している者であっても、他人に悪事を働き、また口にするならば、世を厭っている印などありません。であれば、善導和尚[*2]は至誠心を説いて、「悪を行い悪を好む人から謹んで遠ざかりなさい」、とお教えになっておられるのです。いったい何時わたくしが「各々自分の悪い心に任せて振舞いなさい」と申したであろうか。経典や経典の注釈の教えを知らず、阿弥陀如来の御言葉もまず知らない人々に、「悪を為しても往生の妨げにはならない」などと決してお説きになってはなりません。

十一月二十四日　　　　親　鸞

＊1　善乗坊の経歴その他は不詳。
＊2　善導大師については本書第四通本文の注＊2参照。

第九通　東国の念仏者への手紙（一）

輪廻転生は仏教の基本的信仰である。肉体は死んでも魂は死滅せず、ちょうど車輪が廻るように転々と他の肉体に移って生まれ変わり死に変わって、永久に迷いの世界を経巡るという。この迷いの世界には地獄・餓鬼・畜生・修羅・人間・天上という六つの世界があり、六道と呼ばれている。

この輪廻転生の鎖を断つ方法はないのであろうか。

これが仏教の大命題であった。古今多くの祖師たちがこの命題の下で道を探求していった。そして至り着いたのが、厳しい修行と修徳*1によって悟りの境地に達したとき初めて、人間は輪廻の鎖を断ち切って大宇宙の真理と合体し、往生する、という信仰世界である。

この信仰の下に数え切れぬ多くの仏教者たちが修行と修徳に励んできた。

しかし、人間の修行と修徳には限界があったのである。人間の力を以ってして、輪廻の鎖を断ち切り往生することができるまでに至ることは困難であった。

ごく少数の優れた人間にはそれが可能であるかもしれない。だが、修行と修徳にひたすら励むことのできぬその他多くの人々には、往生の道は閉ざされているのだろうか。

だとすれば、この世界は闇に閉ざされているのか。これが日本仏教史における法然の苦悩であり、この苦悩を通して発見していった阿弥陀仏の本願他力による救済であった。阿弥陀仏の本願によって、一切衆生が輪廻転生の鎖を断ち切り、浄土へ往生する道は開かれていたのである。

かくして往生への道は阿弥陀仏によって開かれていたが、では従来仏教が教えてきた大日如来、釈迦如来、弥勒菩薩、地蔵菩薩その他の如来や菩薩たち、また日本の神道が教えてきた神々のことを、念仏信者はどのように考え、どう対応していけばよいのか。

親鸞のこの手紙をみると、これら阿弥陀仏以外の諸仏・諸菩薩を軽んじ、神道の神々を侮る風潮が、造悪無碍の言動とともに関東の同朋者のあいだに蔓延していたようである。そしてかかる風潮は既存の仏教や日本古来の神々を信じる人々の反感や怒りを買い、また為政者たちに念仏を禁止させ、念仏集団を取り締まらせる口実を与えるものであった。

この手紙は、以上のような背景の下に書かれている。

＊1　ここで、大宇宙の真理とは何か。この問題を、大乗仏教と親鸞はどのように思索し、信じ仰いだか、については本書第十通、第十二通の解説および第十四通本文の注＊2、第二十二通、第三十八通（自然法爾章）参照。

まず初めに申しますと、よろずの仏や菩薩を軽んじ、よろずの天の神々・地の神々・冥界の神々を侮り捨てるということ、このようなことは決して決してあってはならないことです。

わたくしたちは生々世々、無量無辺の数限りない仏や菩薩の御恵みによって諸々の善行を修めてきました。しかしいくら善行を修めても自力によっては生死の迷いを抜け出すことができず、曠劫多生、つまり永劫の昔より生まれ変わり生まれ変わりして輪廻転生を繰り返してきたのです。そこでこんなわれらを憐れまれた諸仏・諸菩薩が、遭遇しがたい阿弥陀如来のご誓願にお逢いすることができるよう、今やわれらをお導きになりました。

このご恩を知らず、よろずの仏や菩薩を有害なもののように言うのは恩知らずでありましょう。

仏法を深く信じる人を天地の神々は影の形に添うように護ってくださるのでありますから、念仏を信じる身で天地の神々を捨てようと思うことなどが決してあってはなりません。

神々をさえ捨ててはならないのですから、ましてやよろずの仏や菩薩を有害無用のもののように考えてよいものであろうか。仏たちを粗末に考えるような者は、もはや、念仏を信ぜず弥陀の御名を称えぬ人間と同一であろう。

つまるところは、何か不都合なことが起きると、虚言をいってそれを念仏を称える者の仕業にし、念仏を禁止させようとするその土地の荘園領主や荘園管理者、名主たちの計略でもあるでしょうが、このようなことは昔からしばしばあったことで、このことは釈迦如来のみ言葉からも分かるのです。釈迦如来は念仏を謗る人のことを眼のない人、つまり「無眼人と名づく」と説き、また耳のない人、つまり「無耳人と名づく」と仰せ置かれました。

また善導和尚は

「五濁増の時は多く疑謗し、道俗あい嫌いて聞くことを用いず。修行することあるを見ては瞋毒《しんどく》を起こし、方便破壊して競いて怨を生ず」

とたしかに釈しておられます。この世のならいに引かれて念仏を妨げる人は荘園領主や管理者、名主などでしょうが、この世のならいに引かれているこの人々は念仏を妨害するそれなりの事情があるのでしょう。このようなことは初めから判っていることで、今さら驚いてあれこれ申すことではありません。「非難するのではなくて、念仏をする人々はその妨げをする人々を憐れみ、不憫に思い、妨げをする人々に対しては念仏をお称えして心から助けなさい」、と法然聖人は仰せられたのでありました。こう仰せられた聖人の御心をよくよくご推察申し上げなければなりません。

次に念仏を称える人々のことです。阿弥陀如来の御誓願は煩悩具足の人のためと信じておられることは立派なことです。ただし、弥陀の御誓いは悪を犯す者のためだからといってわざと曲がったことを心に思い、身に振る舞い、口に出していうのが良いなどというのは浄土の教えではありません。わたくしがそのようなことを語ったことは全くありませんでした。

総じて申しますならば、われら凡夫はすべて煩悩にまみれた者であって心を整えることなどなしがたいけれども、それでも疑いなく往生すると思いなさい、と法然聖人も仏の道の善き師たちも説いておられるのです。そうであるのに、かかる悪の身であるからといって曲がったことをわざと好き好み、果ては念仏する人々の妨げになり、己が師にも善き師にも非難が及ぶようなことは決して決してあってはなりません。巡り会い難い弥陀の御誓いに巡り会わせていただき、仏のご恩にお報い申し上げようとこそお思いになるべきなのに、造悪無碍を唱えて念仏が禁止される方向に手を貸しておられるご様子なのは、返す返すも納得できません。情けなく嘆かわしいことです。ご当地の念仏者たちのかかる誤った理解のために、ある筈もないことがいろいろ聞えてまいります。

情けなくて言いようもありません。

ただし、念仏者が誤ったことを申しましたならば、その人一人は地獄にも堕ち天魔ともなるでしょうが、他の念仏者総てに咎が及ぶとは思いません。よくよくお考えになってくださ
い。

なおまた念仏される方々はわたくしのこの手紙をよくお読みくださった上、人々にもお教えくださいますように。あなかしこあなかしこ。

九月二日　　　　　　　　　　　　　　　　親鸞

念仏の人々の御中へ

第十通　慈信坊善鸞への返書（一）

浄土三部経（『大無量寿経』、『観無量寿経』、『阿弥陀経』）によると、永劫の昔、ひとりの国王がいた。国王は世自在王如来《せじざいおうにょらい》の説法を聞いて発心《ほっしん》し、法蔵菩薩《ほうぞうぼさつ》となって世自在王如来の前で四十八の誓願を立て、この願が成就しない限り如来（＝仏）にならないという誓いを立てた。

しかして四十八の誓願は悉く成就。法蔵菩薩は阿弥陀如来となって、今現在、西方浄土の主催者になっておられる。（阿弥陀仏の四十八願総てについては『大無量寿経』参照）。

阿弥陀はサンスクリット語のアミターバ或はアミターユスの漢訳で、無量光（限りない光）、無量寿（限りない命）の意味である。そして阿弥陀仏とは尽きせぬ光明の仏、あるいは量り知れぬ寿命を持つ仏の意。[*1]

ここで指摘しておかなければならないことは、阿弥陀仏が光であるといっても、それは通常いうところの光ではない。それは、阿弥陀の智恵と慈悲の働きが無限の広がりをもってすべての衆生に達し、衆生に罪悪深重《ざいあくじんじゅう》の身に他ならぬ自己の存在性と、それゆえにそこから救済されなければならない必要性を、衆生一人ひとりに深く自覚させ（＝智恵光仏）、しかして衆生一切を救いに至らせる（＝慈悲光仏）のであることを、光に喩えた大乗仏教の教説である。

特に親鸞は阿弥陀仏や浄土を色と形を持つ実体として考えず、広大無辺の宇宙の仕組みそのものとして極めて抽象化して捉えている。なお詳しくは本書第十四通本文の注＊2および自然法爾章として知られる本書第三十八通の親鸞の手紙を合わせ参照されたい。

法然は阿弥陀仏四十八の誓願のなかで、広く知られているように特に第十八願に依拠した。その誓願にいう。

「たとえわれ仏を得たらんに、十方の衆生、至心信楽《ししんしんぎょう》してわが国に生ぜんと思い、乃至十念《ないしじゅうねん》せん。もし生ぜずば正覚《しょうかく》をとらじ」

（試訳）たとえわたしが仏になったとしても、十方世界のあらゆる衆生が真心から信じてわたしの国に往生したいと願い、十度もの念仏を称えても往生できないならば、わたしは決して正しい悟りを得ることはしまい。

さて、はじめに記したように、法蔵菩薩のこの誓いは、他のすべての誓いとともにすでに永劫の昔に成就した。すなわち、法蔵菩薩は阿弥陀如来（阿弥陀仏）となって、その国・西方浄土で永劫の昔からわれわれを待っておられる、というのが浄土教の根本をなす一つの柱（往相廻向）である。

法然はこの第十八願を大きく前面に打ちだしたが、法然のあとを承けた親鸞は、この第十八願とともに第十七願を往相廻向の願と見、また第二十二願を還相廻向の願と見て、この二つの願を特に重視した。[*2]

ちなみに、関東の同朋のあいだに広まっていた造悪無碍の考えは「乃至十念せん。……」という誓いに甘え、悪用するところに起こった邪義である。

そして前述したように、かかる邪義に惑わされ、混乱した信仰世界の中にいる同朋たちの行き過ぎた行動等が発端になって、当時関東では在地の権力者等による念仏弾圧が各地で勃発していた。

この手紙は、親鸞が自分の名代として当時関東に赴かせていた実子・慈信坊善鸞に宛てたもので、事の詳細は不明ながら、親鸞は造悪無碍を初めとする異義異端が蔓延し、混乱の中にある東国の同朋たちを正すべく、善鸞を派遣したのであろうという。[*3]

建長四年（一二五二）、親鸞八十歳の頃である。

本通は息子善鸞に宛てた親鸞の現存書簡のなかでもっとも早い時期のものだと考えられているが、この時、誤った教説を撒き散らして人々を勧誘し関東教団をさらなる混乱に陥れている（本書第十四通解説参照）のが、善鸞自身であることを親鸞はまだ把握しておらず、ことばの端々には息子に対する父の親愛の情がにじんでいる。

だが、この後の手紙が語っているように、関東教団の混乱の中心に善鸞がいることを、やがて親鸞は知ることになる。

そして事態は善鸞の義絶へといたるのである（本書第二十通参照）。

＊1　阿弥陀仏を無量光仏あるいは無量寿仏という呼び方に対しては、不老長寿や神仙思想を説く道教が盛んであった中国では、どちらかといえば無量光仏ではなくて無量寿仏という言い方を好んだ。しかし親鸞は阿弥陀仏を光のイメージで捉えることを愛し、無量光仏の名を多く用いている（頼住光子）。

＊2　第十七願については本書第二十七通本文の注＊1、第二十二願については本書第三十通の解説参照。

＊3　子息善鸞を関東に下向させた理由については、「造悪無碍」が蔓延している教団を教義上指導するためばかりではなく、平松令三氏は、次のような事態も考えられるのではないかと述べている。すなわち、

関東教団のなかで確立していた善光寺上級勧進聖としての得分（経済基盤）によって経済生活が支えられていた親鸞であったが、京都に帰って二十年近く、いつしかこの経済基盤には緩みが生じはじめていて、この経済基盤を立て直すことが、善鸞を関東に下向させる背景

としてあったのではないか。

本書第二十八通目の真仏宛ての返書で、親鸞は「銭二十貫文」を受け取った礼を言っている。ところでこの二十貫文というのは大金（約一二〇万円）であり、個人的懇志の域をはるかに越えている。

また関東へ下向した善鸞自身も第十一通書簡が語っているように、親鸞に「銭五貫文」（三〇万円）を届けている。

勧進聖の得分はその人一代限りで、彼の死によって消滅するものであった。死を前にした親鸞が、遺書と見られる第四十三通目の手紙で、後に残る肉親への扶助を常陸国の人々に哀願するように依頼しているのも、親鸞の経済生活が何に拠っていたかを示していよう。

以上のように考えてくると、息子を関東へ派遣したことも純粋に教義上「造悪無碍」「一念多念」「自力他力」等々の問題があったためばかりではなく、経済基盤が緩みだしていたということもあったのではないか（以上平松令三『親鸞』『親鸞の生涯と思想』抄出）。

ちなみに親鸞が善光寺の上級勧進聖であったという研究については本書第三通の解説参照。


お手紙を書きました。この手紙を人々にも読み聞かせてください。

遠江の尼御前が心を入れて取り計らいくださっているようで、返す返す喜ばしく、ありがたく思っております。どうかくれぐれも京都の私方より喜びを申している旨、お伝えください。

さて、信願坊が言っていることは返す返すも困ったことです。悪を犯す凡夫の身だからといって、ことさらに曲がったことを好み、師のためにも、また正しい道を教えまことの信心に導いてくれる善智識のためにも、よからぬことを取り行い、そのことが念仏する他の人々の咎となってこの人々に迷惑が及ぶことを知らないならば、仏のご恩を知らないというものです。よくよくお考えになってください。

また乱心して死んだ人々のことを例にして信願坊のことをとやかくいうべきではありません。念仏者が死んでいく場合、身体の病気で死んでいく念仏者の往生をあれこれ言うべきではないのです。念仏が信じられず念仏を誹謗するようなそんな心が原因で病になった場合は、天魔ともなり地獄に堕ちもするでしょう。念仏を誹謗するそんな心より起こる病と、身体より起こる病とは別ですから、念仏を誹謗する曲がった心より起こる病で死ぬ人のことをよくよくお考えになってください。

ところであなたの手紙によりますと、信願坊は凡夫の身であれば悪であることこそが本来の姿なのだとして、思うべきでないことを思い、してはならないことを行い、言ってはならないことを口にするのがよいのだと言い立てたとのことですが、このようなことを信願坊が言ったとはとても考えられません。往生の障りにならないからといって曲がったことを好みなさいとわたくしが信願房に言ったことはないのです。返す返すも理解できないことです。

しかし結局は、そんな曲がったことを言うような人は、その身一人はどうとも報いを受けるでしょうが、その報いが他の念仏者すべてに及ぼうとは思われません。

また念仏を止める人はその人一人はどうとも報いを受けるでしょう。しかし、それが他のすべての念仏者の咎になろうとはわたくしには思えないのです。

「汚れの増した時代には多くの者が仏法を疑い謗る。出家した者も在家の者も互いに憎みあい、互いに聞く耳を持たない。正しく修行している人を見ると瞋《いか》りの毒を起こし、手立てを尽くして破壊し、競うように怨み合う」という『法事讃』の中の善導和尚のお言葉が眼前に浮かんでまいりますよ。

また釈迦如来は

「仏法を見ようとしない人と名づける」

「仏法を聞こうとしない人と名づける」

と説いておられます。

かかる人であれば念仏を止め念仏者を憎むなどということもありましょう。しかしこれらの教説の真意は、そのような人をも憎まず、みなで念仏を称えてこうした人々を助けようと考えなさい、ということだと思います。あなかしこあなかしこ

九月二日

親鸞

慈信坊の御返事

入信坊・真浄坊・法信坊にもこの手紙を読み聞かせてください。返す返すも困ったことです。性信坊はこの春上京して来ましたのでよくよく話しておきました。また久下殿にもわたくしが喜んでいることをお伝えください。

この人々が間違ったことを言っているからといって、道理を破壊することはできないと思います。また世間においてもそうしたことはよくあることで、荘園領主や管理者、そして名主が間違ったことを言っても、世の中の人々みながその間違ったことに惑わされたりはしないものですよ。

しかし仏法者が教えを破る譬えには、「獅子身中の虫がその肉を食らうがごとし」と『梵網経』に記されていますから、荘園の領主や管理者、名主などが仏の教えを捻じ曲げるのではなく、そうではなくて仏法を奉じる者自身が念仏する者を破壊し妨げ、仏の教えを捻じ曲げるのです。

このことをよく弁えてください。これらのこと、手紙では書き尽くせません。

第十一通　慈信坊善鸞への返書（二）

前述したように、親鸞は異義異端が広がり混乱を深めていく関東の鎮静化のために（これが定説のようであるが、第十通の解説で記したように、この定説を補う形で提出された平松令三氏の別解もある）、実子善鸞を名代として下向させていた。ここに挙げる親鸞の手紙は、現存する善鸞宛親鸞の手紙全三通ある中のおそらくは二通目で、本書十通目の手紙に続くものとみられる。

この第十一通目の手紙を見ると、親鸞は善鸞の行動に困惑と動揺を感じ始めたようである。関東の同朋たちから善鸞の動きが親鸞の許へ伝えられたのであろう。[*1]

やがて善鸞は父親鸞から義絶されることになるが、善鸞がなぜ、親鸞の教えに反することを親鸞の教えだとして言い広め出したのか、詳細は分からない。関東の門徒たちの間に、親鸞の実子である自分のカリスマ的存在性と地位を主張したい焦りが善鸞を駆り立て、「これは親鸞が夜、ひそかに私にだけ教えた教えなのだ。あなたたちが今まで信じていたものは実は親鸞の真意ではない」（本書第二十通参照）などと言い出すことになったのであろうか。

手紙にある「大部の中太郎」というのは、『親鸞伝絵《しんらんでんね》』巻下第五段が「常陸国那珂郡大部郷に、平太郎なにがしという庶民あり。聖人の御訓を信じて、専ら弐なかりき」と記す「平太郎」のことであろうという。また『伝絵』によると、平太郎（＝中太郎）は熊野参詣の途中京都の親鸞を訪ね教えを受けている。弘長元年（一二六一）六月十五日六十五歳で死去（『大谷遺跡録』）した。なお、那珂郡大部郷は現在の水戸市飯富の旧名。

＊１　親鸞門弟の構成および組織等に関しては本書第十八通の解説参照。

九月二十七日のお手紙、詳しく拝見しました。また御志の銭五貫文[*1]、十一月九日に頂戴いたしました。

さて、東国の方々がみな、この年ごろ念仏を称えてきたことは無駄なことであったとあちこちでさまざまに申しているとのこと、返す返すも困ったことです。この方々はみな、念仏について書かれたいろいろな書物を書き写して持っているのに、それをどう見做しているのであろうか。ほんとうに心もとなく思います。

慈信坊よ、あなたが東国に下って同朋たちに、

「私が親鸞から聞いた教えこそ真実である。あなた方が今まで称えてきた念仏はみな無益の念仏だ」

と言ったとかで、それまで大部の中太郎を中心に集まっていた九十何人かはみな、慈信坊あ

なたのところへ行こうと言って中太郎を見捨てたと聞いております。

一体どういうわけでそんなことになったのですか。

詮ずるところ、信心が定まっていなかったのだと思います。それにしてもどのような事情でこのように多くの人が動揺したのであろう。困ったことと思っています。

またこうした風評のある時ですから根のない虚言も多いことでしょう。また、わたくし親鸞にもえこひいきがあると噂されている由を聞きましたので、力を尽くして『唯信鈔』『後世物語』『自力他力の文』[*2]のこころを、また「二河白道《にがびゃくどう》」[*3]の譬えなどを書いてすでにあちこちの方々へ送りました。そうであるのに、それもみな無駄になってしまったと聞えてくるのは、一体どうしたことであろう。

わたくしが同朋たちに送ったこれらの文を、あなたは同朋たちにどう説き聞かせられたのですか。

東国の人々がほんとうに訳の分からぬ動きをしていると聞えてまいりますのは、全く困ったことです。詳しく事情をお知らせください。あなかしこあなかしこ。

十一月九日　親鸞

慈信御坊

真仏坊[*4]・性信坊[*5]・入信坊[*6]、この人たちのことはお聞きしました。返す返すも嘆かわしく思いますがわたくしの力ではどうすることも出来ません。また他の人々が互いの信心を同じくしていない様子であることも、わたくしの力には余ることです。人々の心が一つになっていないのですから、もはやあれこれ申すこともありません。今は人のことをとやかく言う必要はないのです。よくよくお心得ください。

親鸞

慈信御坊

＊1　銭五貫文は現在のおよそ三〇万円に相当（『現代の聖典　親鸞書簡集　全四十三通』）。

＊2　『唯信鈔』、『自力他力の文』、『後世物語』については本書第六通本文の注＊2、＊3参照。

＊3　二河白道とは水の河、火の河が迫りくる中間の白い道の意で、浄土往生を願う者が往生にいたるまでの道のりを、比喩によって示したもの。

善導の『観経疏《かんきょうしょ》』「散善義」に記され、群盗と悪獣に追われた旅人が東岸から西岸に渡ろうとすると、右手には濁流が渦巻き、左手には火炎が燃え盛っている。危機に瀕した旅人が恐れ戦きつつ行く手を見ると、濁流と火炎迫り来る中にわずか四、五寸の白い道が見える。「白い道を行け」「白い道より来たれ」という二つの声が、東岸、西岸それぞれの岸から聞えた。旅人は意を決して白い道を一歩踏み出し、遂にかの西岸に至りついた。

ここに群盗・悪獣はこの世の苦しみの比喩であり、水河は貪欲、火河は瞋恚の煩悩の比喩であるという。

そして白道が往生を願う心で、東岸に立って「白道を行け」と勧めるのは釈迦如来。西岸にあって「白い道より来たれ」と招くのは阿弥陀如来とされている。

＊4　真仏坊（一二〇九～一二六一）は下野高田の人で親鸞面授の高弟。『交名牒』には親鸞の弟子として最初にその名が記されており、親鸞が京都に帰った後は、門下の指導的存在として初期真宗教団の主流（高田門徒）を形成した。

高田専修寺を開き、浄土真宗高田派の第二世。現在、真仏宛の親鸞の手紙三通がある。「善鸞義絶状」を書写した顕智（高田派第三世）は真仏の女婿。

＊5　性信坊（一一八七～一二七五）は常陸の国横曽根の人で、親鸞面授の高弟。親鸞が京都に帰った後は、真仏等とともに門下の指導的存在として布教にあたり、横曽根門徒を形成した。坂東報恩寺を開き、親鸞の信頼が極めて厚かったことは性信に宛てた現存五通の親鸞の手紙が語っている。

なお本書第十三通目の手紙によると、建長年間の念仏弾圧に際して彼は関東の門弟を代表し、鎌倉幕府に訴えられた訴訟の処理に当たって、無事これを解決している。本書第二十三通の解説参照。

＊6　入信坊の詳細は不明。『交名牒』や『高田正統伝』によると、高田門徒の一人で親鸞の直弟子。常陸在住という。

第十二通　東国の念仏者への手紙（二）

この手紙で、親鸞は「一念、多念」の争い、すなわち「阿弥陀の本願[*1]があるのだから、浄土に往生するには一度の念仏でよいのだ」「いや、そうではなくて数多く念仏するのがよいのだ」という二派に分かれて争いを起こしている関東の同朋たちを戒めている。

親鸞が京都へ帰って二十余年、この手紙も関東教団の中の混乱を語るものであり、子息善鸞が関東に派遣された大きな要因であろう（前述したように、この説を補う平松氏の別解あり）。

この「一念、多念」の争いは、すでに法然在世中から門弟たちの間で争われ、後鳥羽上皇が法然の弟子聖覚にどちらが正しいかと尋ねている（梯實圓）程、社会的広がりを見せていた。

法然自身は現存する「越中国光明房への返書」や「平基親への返書」などで一念義を厳しく戒めて言う。

「一度の念仏で往生する、という説は、ほぼ、京都中にも流布しているところです。凡そ言語道断。まことにもってその正邪をお尋ねになるまでもないことです。……近年は愚癡《ぐち》無智《むち》の輩多く、ただ十念一念ということばにのみ執着して、「上尽一形」ということばを廃しているのは、無慚無愧のこととしか申せません」（拙著『法然の手紙』「越中国光明房への返書」）。

なお『選択本願念仏集』[*2]は法然が弟子に書き取らせた主著であるが、その中で法然はこの問題をめぐっていう。品位高く格調高いそのことばを原文で味わいたい。

「すでに一念をもつて一無上となす。まさに知るべし、十念をもつて十無上となし、また百念をもつて百無上となし、また千念をもつて千無上となす」。

一念とか多念とか念仏の数に拘ること自体が正しい信仰の姿ではないのである。法然の教えを継承して親鸞も言う。「多念にあらず一念にあらず」（『教行信証』[*3]）。

＊1　阿弥陀如来の本願については本書第十通の解説参照。

＊2　『選択本願念仏集』は『選択集』と略称され、法然の主著。建久九年（一一九八）三月、前関白九条兼実の懇請によって撰述された。

『選択集』はかつて法然が比叡山にいた時、善導の『観経疏』によって「たちどころに余行を舎《とど》めて、ここに念仏に帰す」というその廻心《えしん》を土台に、「念仏の要文を集め、念仏の要義を述」べた法然の主著である。

選択念仏の立場に立って、書名のすぐ後に「南無阿弥陀仏」の六字名号を掲げ、その下に「往生之業念仏為先」と割註していることが、法然の信仰の立場を端的に表している。全十六章。主要部分は浄土三部経の要文とこれを解釈する善導の釈義から成り、ついで他の経釈の文でこれを敷衍。最後に法然みずからの解釈を記す。

＊3　『教行信証』は詳しくは『顕浄土真実教行証文類』という。親鸞畢生の大著である。構成は「総序、教巻、行巻、別序、信巻、証巻、真仏土巻、化身土巻、後序」から成り、真蹟は国宝で坂東本とよばれ、東本願寺が所蔵。

また西本願寺と高田派専修寺に写本がある。

『教行信証』がいつ著述されたかは明確ではないが、従来一般には親鸞五十二歳の時、常陸で書かれたといわれてきた。

しかし真蹟の坂東本『教行信証』に対する近年の実証的研究によって、親鸞は最晩年においてもこの書に手を入れ続けていたことが明らかになっている。

親鸞はこの書において、浄土三部経の中でも『大無量寿経』を重視し、「真実の教えをあかさば、すなわち大無量寿経これなり」と「教巻」の冒頭で宣言。大無量寿経を真実の教えとして讃嘆している。

またこの書で親鸞が、「教巻」の冒頭から往相・還相の二廻向を浄土真宗の根本として揚言していることは、きわめて重要である。この揚言以下の論述において、親鸞は世親の『浄土論』およびこれを注釈した曇鸞の『浄土論註』を中心に据え、往相廻向と還相廻向、この二つの廻向に向かって大河のごとく、且つ精緻に論を進めていく。

そして二つの廻向ともに、阿弥陀仏がわれら人間に差し向けている本願他力によるものであると、経論を駆使して力説するのである。日本仏教において、この往相廻向・還相廻向を説いた仏教者は親鸞以外にいないという。

次にこの書の構成の大略を記しておこう。

序（総序）……この一書を記すに及んだ次第が述べられる。それは弥陀仏の本願他力によって救われ、如来の恩徳深いことを信知した喜びからである。

教巻……大無量寿経が「真実教」として讃嘆される。

行巻……念仏行の根拠が弥陀の第十七「諸仏称名の願」にあることが証される。

別序……「それおもんみれば、信楽《しんぎょう》を獲得することは、如来選択の願心より発起す」のことばで始まる。

信巻……弥陀仏への信の根拠が第十八「至心信楽の願」にあることが示される。

証巻……第十一「必至滅度の願」が釈され、往相・還相の二廻向が第二十「至心廻向の願」・第二十二「還相廻向の願」によって証される。

真仏土巻……第十二「光明無量の願」と第十三「寿命無量の願」に基づいて、真実の仏および浄土とは何かが説かれ、それは無限の光明と寿命をもつ報仏であり報土であると証しされる。

なお「真仏土」というのは無量光明土、すなわち光輝く浄土のことである。

化身土巻……この巻で親鸞は四十八願の内容上の進行を、第十九願「至心発願《ししんほつがん》の願」→第二十願「至心廻向《ししんえこう》の願」→第十八願「至心信楽《ししんしんぎょう》の願」というように読みとり、末法思想を述べるとともに、仏の広大な慈悲を疑う者や怠け者たちが死後に住む仮の浄土である化身土においても真仏土（真の浄土）へ通入する手立てがあることを説く。

後序……師法然の許にあった日々の思い出や承元の法難等、親鸞自身のことが語られる。

（なお、親鸞の浄土信仰をめぐっては本書第十四通本文の注＊2を合わせて参照。）

如何なることよりも阿弥陀如来の御本願が世に広まりますことは返す返すもめでたくうれしく思います。

それにつけてもみなさんがあちらこちらで我こそはと思い上がって争ったりすることが決してあってはなりません。ここ京都でも一度の念仏でいいのだ、いや数多く称えるのがいいのだ、などと争いごとが多いようですが、かかることが決してあってはなりません。

ただ詰まるところは聖覚法印が書いた『唯信鈔』、隆寛律師[*1]が書いた『後世物語』と『自力他力』、これらの書物をよくよく常に読んで、そこに説かれている御こころに違《たが》わないようになさい。どの方面の人々にもそこに書かれている趣旨をお話になってください。それでもなお定かでないことがあれば、こうしてわたくしは今日まで生き永らえておりますから、わざわざであってもこちらへ尋ねて来てください。

鹿島や行方、またその周囲の人々にもこの旨をよくよくおっしゃって頂きたいと思います。あなた方は一度の念仏でいいのだとかいや数多く称えるのがいいのだとかつまらない議論だけを議論し合っておられるようです。

よくよく慎むべきことです。あなかしこあなかしこ。

かかることを心得ない人々は無意味なことを言い合っているのです。よくよく慎まねばなりません。くれぐれも申し上げます。

二月三日　　親鸞

＊1　聖覚法印および隆寛律師については本書第六通本文の注＊2、＊3参照。

第十三通　下総飯沼在住の直弟子性信坊[*1]への返書（一）

この手紙[*2]で親鸞は「鎌倉での訴訟の様子は……」と書いているが、これは、念仏の禁止を幕府に訴え出た者があって起きた訴訟事件のことである。背景には念仏者における造悪無碍・神仏軽侮の言動があり、この背景の下に親鸞の門弟のうちの異義派（修行造善・神仏崇敬派）が正信派を幕府に訴えたのが真相であろう（赤松俊秀『親鸞』「善鸞の異義」）。

訴訟を受けて、下総国飯沼の長老性信が幕府に弁明に赴いたのである。事件は性信の弁明によって一応落着したことが手紙からうかがえるが、この事件には親鸞の子息善鸞が関係していたと推定する研究者が多い。

すなわち、善鸞は念仏者には造悪無碍・神仏軽侮の振る舞いに出る者があると言って、念仏禁止と取り締まりを幕府に訴え出たのではないか。

ただし、前述したように、訴訟事件の詳しい内容は現在不明で、「事件はかなり複雑である」（石田瑞磨）。

またこの手紙には、

「……同じような偏見から、以前、お上が念仏を停止されたことがありました。しかしその結果、世の中がさまざまに混乱し事変が相次いだのです。……」

とも記されている。

ここに親鸞が記す「事変」というのは、承元元年（一二〇七）後鳥羽上皇が院政を敷く朝廷（天皇は土御門天皇）は専修念仏停止令を出し、法然七十五歳を土佐（その後讃岐へ変更）へ、親鸞三十五歳を越後へ流罪にした。そしてその十四年後の承久三年（一二二一）、承久の変が起きて後鳥羽上皇は隠岐に、土御門上皇は土佐に、順徳上皇は佐渡に流されたのである。「……事変が相次いだ。……」というのはこれらのことを指している。

＊1　性信房については本書第十一通本文の注＊5を参照。
＊2　この手紙に関しては第十通、第十一通の手紙と解説も合わせて参照されたい。

六月一日のお手紙、詳しく拝見いたしました。お手紙によって、鎌倉での訴訟の様子も概略がわかりました。もっとも、大体のことは周囲の者から伝え聞いておりましたので、格別のことはなかろうと思ってはおりましたが、無事お国にお帰りになられたとのこと、うれしく存じます。

大体、この訴えはあなた御一人にかかわるものではありませんでした。浄土を願うすべての念仏者にかかわるものです。

なぜかと申せば、今回、訴人が幕府に訴えた訴訟の内容は、亡き法然聖人がいらっしゃいました頃、聖人門下のわたくしたちがさまざまに世間から言い立てられたもので、事新しい訴えではないからです。性信房お一人が立ち向かい、対処しなければならない問題ではなく、念仏を称える者はみなが皆、心を一つにして立ち向かわなければならない問題であるのです。幕府に出頭して弁明してくださったあなたを、笑ったりすることができる問題ではありません。

であるのに、念仏者の中の道理を弁えぬ者たちが、今回の一件をすべて性信坊の責任だというように言っているのは実に甚だしい心得違いです。念仏を称える者はみな、性信坊の側に就くことこそが本当でしょう。母上や姉上、そしてお妹御などがあれこれと言っておられることも、それらは古い昔にあった偏見で正しいものではありません。

ところで、同じような偏見から、以前、お上が念仏を停止されたことがありました。しかしその結果、世の中がさまざまに混乱し事変が相次いだのです。このことを思うにつけても、念仏を深く頼みとし念仏に心を入れて、みなとももどもにお称え申し上げるのこそが大切であると思います。

お手紙を拝見いたしますと、訴えられたことについてのあなたの陳述は、お考えがよく行き届いていて適切であったと思います。うれしく存じます。

詰まるところ、あなたお一人に限らずどなたであれお念仏を称える人が、たとえ自身の往生については考えなくとも、お上のため人々のためにと思ってたがいに念仏に励み合うならば立派なことでありましょう。しかし他方、ご自分の往生を心もとなく思う人は、まずわが身の往生を願ってお念仏なさるのがよいのです。ご自分の往生は確かだと思う人は、仏のご恩を思うにつけても報恩のために心から念仏を称え、世の中が平穏でありますように、仏法が広まりますように、と念じられてしかるべしと存じます。

以上、よくよくご勘案くださいますように。

この他に特別の心がけがあるとは思いません。

それにいたしましても、速やかに国許へお帰りになられましたのこそ、うれしく存じます。往生は間違いないと思い定められましたならば、仏のご恩を思うにつけても、このこと以外はあるはずもありません。ただただお念仏を心からお称えすべきだと思います。あなかしこあなかしこ。

七月九日　　親鸞

性信の御坊

第十四通　笠間の念仏者の疑義に答える手紙

日付と年齢が記されているように親鸞八十三歳の手紙である。法語の形をとっているが、もともとは笠間の念仏者の質疑に答えたもので、後に法語として書き与えられたものであろうという。

この手紙からも、当時、関東における同朋たちの信仰世界が、自力だ、他力だ、いや他力といっても自分の精進努力も必要なのだ等々と、いかに混乱状況に陥っていたかが窺える。本書第二十通善鸞宛ての返書（善鸞義絶状）で親鸞は、関東の同朋たちに善鸞が、浄土信仰の基盤たる阿弥陀仏第十八本願を「萎んだ花」に喩え、この本願は無効であるといい広めていることを認《したた》めている。

研究者によると、本願への絶対的信頼と委託を教える親鸞に対して、善鸞はこれを否定し、自力による善行を奨励したのであろうという。ただし、本書第十三通の解説でも記したように、訴訟事件の精しい内容は不明である。

また『定本親鸞聖人全集　第三巻和文・書簡篇』「真蹟書簡解説」で宮崎円遵は、本通が書かれた背景にふれて次のように述べている。（なおこのことに関しては本書第十八通の解説参照）。

「この書簡の書かれた建長七年（一二五五）の頃は、聖人の息男慈信房善鸞の異義の唱導と念仏者への弾圧とによって、常陸・下野の門弟達が頗る動揺していた時であるが、この事件解決の衝に当たった中心人物は性信である。しかも聖人がこの問題に関して門弟に送った書簡には、隆寛[*1]の『自力他力』の精読を勧めていることから、善鸞の異義には自力他力の問題が含まれていたと見られるが、この書簡は正面からこの問題をとりあげている。従って笠間の念仏者の質疑には、背景として善鸞の存在を想定すべきであろう。あるいは自力他力について善鸞一派が異見を唱えていたのを、性信が批判したのであろうか。そこで笠間の念仏者達は聖人に教示を仰ぐこととなったものか、と思われる。」

＊1　隆寛律師については本書第六通本文の注＊3参照。

いったい浄土真宗の心を考えてみると、仏法を聞いて往生を願う心に他力と自力があり、これに関してはすでにインドの仏教思想家や浄土門の祖師たち[*1]が仰せられている。すなわち、まず自力というのは、念仏の行者たちがそれぞれの縁にしたがって阿弥陀如来以外の仏のみ[*2]名を称えたり、さまざまな善行を積んだりして、わが力を頼みとしわが心でさまざまに工夫を凝らしたりして、身と心と意思の乱れを正し、立派に人生を全うして浄土へ往生しようとする、それを自力というのである。

また他力というのは、阿弥陀如来がお立てになった四十八の誓願の中でも特にお選びになった念仏往生の第十八本願を信じて喜ぶことをいう。

このご本願というのは真理より現れた御方である阿弥陀如来ご自身の御誓いなのであるから、われら人間があれこれ忖度するものではなく、義なきを義とすると法然聖人の仰せごとであった。

義というのは、自分であれこれ計らうという意味である。念仏の行者が計らうのは自力であるから、義ということになる。他力では弥陀の本願を信じるだけで必ず往生するのであるから、まったく義はない。自分の計らいごとはない、というのである。

そうであってみれば、自分は悪い人間だからどうして弥陀がわたしをお迎えくださることがあろう、などと思ってはならない。凡夫はもともと煩悩具足の身であるから悪いに決まっていると思いなさい。

また自分はよい心の持ち主だから往生ができるなどと思ってはならない。自分の力や計らいで真実の浄土に生まれることなど決してできないのだ。念仏行者各々の自力ではたとえ行けたとしても浄土の辺土までしか行けないのだ、とわたくしは承っている。

かの仏は、第十八の本願を成就され、阿弥陀如来とならせ給うて、限りない不可思議の利益をわれらに施し給う。その御姿を世親《せしん》菩薩は尽十方無礙光如来《じんじっぽうむげこうにょらい》と言い表わされた。このゆえに、善人か悪人かの区別なく、煩悩の心を厭うことなく、一切衆生はみな平等に往生が叶うのだと知らなければならない。

であれば、恵心院《えしんいん》の源信僧都《げんしんそうず》は『往生要集《おうじょうようしゅう》』*3で本願の念仏を真心から信じて喜ぶさまを表現して次のように書いておられる。

念仏は行住坐臥《ぎょうじゅうざが》を選ばず、時と処も選ばず、またいかなる縁も選ばない。念仏が弥陀から嫌われるということはないのだと。真実の信心を得た人は阿弥陀如来の摂取《せっしゅ》不捨《ふしゃ》の光の中に納められていることを、僧都のこのことばはたしかに言い表していよう。

だから釈迦如来は、無明と煩悩とを身にまといながら念仏によって極楽浄土に往生すれば、必ず最高の仏の境地にいたるとお教えになった。

しかるに、汚れに満ちた悪しき世に生まれた疑い深いわれらは、釈迦一仏が仰せになっただけでは信じて心に抱き持つことがなかなか難しかろうと懸念されて、さらに十方世界の数知れぬ仏たちが釈迦のこのみ教えの証人になっておられるのだと、『観経疏《かんきょうしょ》』「散善義《さんぜんぎ》」で善導和尚《ぜんどうおしょう》*4は注釈しておられる。このように釈迦、弥陀、十方世界の諸仏みな同じ御心で、本願を信じて念仏する人々のことを影の形に添うように離れずに見守るのだと、諸仏の有難い御心のうちを善導和尚は明かしておられる。

そうであるからこそ、真心から念仏を信じる人のことを、釈迦如来は「わが親しき友」と喜んでおられるのだ。

この信心の人を、真の仏弟子というのである。

このような人を真の悟りに住する人という。

阿弥陀仏はこのような人を摂取して捨て給うことがないから、阿弥陀に守られたこのような人を、金剛心を得た人ともいうのである。

またこのような人を、上上人とも、好人とも、妙好人とも、最勝人とも、稀有人ともいう。

このような人はまさしく、この世にあってすでに、浄土へ往生することが定まった人だと知らなければならない。であれば、未来仏、すなわち弥勒と等しいのだといわれている。なぜなら、真実の信心を得たのであるから必ず浄土に往生するからである。

このような信心は、自力で獲得するものではなく、釈迦、阿弥陀、十方諸仏の御助け御手立てによるのだと知らなければならない。上から頂いたものであると分かれば、諸仏の教えを謗ったり、善根を積もうと努力している人を誇ることもない。念仏する人を憎み謗る人をも、憎み謗ることがあってはならないのだ。

憎んだり謗ったりするのではなく、あわれみの心を持ち、悲しみの心を持たなければならないと、法然聖人は仰せられた。あなかしこあなかしこ。

仏恩の深きことといえば、浄土の辺境に往生できるとしても、それは自力によって往生できるのではない。それはひとえに阿弥陀如来の、わたしが正しい悟りを得てわたしの国を切り開き造った後、わたしの名を聞いたあらゆる世界の人々が、わたしの後に続いて正しい悟りを得、それによってわたしの国に生まれたいと心から発願して、自分が積んだあらゆる善業功徳をそのために振り向けようとするならば、あらゆる世界のかかる人々に対して、わたしは彼らが臨終を迎える時、もろもろの菩薩たちを率いて臨終の枕辺を取り囲み、その眼前に現れるであろう。それが出来ないようであれば、正しい悟りを得てわたしは仏となり、仏であるそのわたしの国を切り開き造ることは決してしてしまい。

という臨終現前を誓われた第十九願。そして

わたしが正しい悟りを得て仏になった時、あらゆる世界の人々がわたしの名を聞いてわたしの国に生まれたいと心から願い、善業功徳を積んでこれをわたしの国に生まれるために振り向けようとする。彼らがこう努めてもなお、わたしの国に生まれることができないならば、わたしは正しい悟りを得て仏になることは決してしてしまい。

という第二十願の御あわれみがあってはじめて、浄土の中でも位の低い辺土あたりにどうにか往生できるのであって、不可思議の喜びにも逢うことができるのである。

仏恩の深さは限りもない。

ましていわんや、浄土に生まれて大いなる悟りを開くことができるとは、広大な仏恩の深

さをよくよく思わなければならない。

これらのことは決して、性信房[*5]や親鸞が自分で勝手にあれこれ考え計らって言っていることではありません。決して決して。

建長七歳（一二五五）十月三日

愚禿親鸞八十三歳　これを書く

＊1　インドの仏教思想家や浄土門の祖師たちとは、竜樹《りゅうじゅ》、世親《せしん》（以上インド）、曇鸞《どんらん》、道綽《どうしゃく》、善導《ぜんどう》（以上中国）、源信《げんしん》、法然《ほうねん》（以上日本）、この七高僧のこと。

＊2　阿弥陀如来以外の仏――仏とは真理を悟った者。覚者の意。サンスクリット語のブッダを音訳して仏陀とし、略して仏《ぶつ》、これを訓読して「ほとけ」と読む。
仏教の最終目的は、迷いの世界を離れて真理に目覚めることであるから、「真理を悟った者」になること、すなわち仏になることこそが、仏教の根義である。

大乗仏教では宇宙万有の本源を真如と観じ、この真如とは万有のありのままのすがたを指す。

すなわち、一切は生々流転するままに不生不滅であり、万有は個々別々の差別のままに有機的に統一されている。万有のかかる営み乃至在りようそのものを真如という。

したがって仏教では、キリスト教が説く天地万物を創造した人格的な唯一神を樹てない。

特に親鸞は阿弥陀仏を姿・形ある絶対者とは見ず、宇宙万有に満ち溢れている或る働き、在りようそのものを、仮に名づけて真如・阿弥陀仏と呼んだ（お茶の水女子大学教授頼住光子氏の教示、および『親鸞辞典』による。なお阿弥陀仏が本性として光そのものであることについては本書第四十通と同解説参照。)

この阿弥陀仏・真如には一切衆生を救済しようとするおのずからなる働きがある。

阿弥陀仏とは宇宙万有そのものが衆生救済の働きとして動いて来た姿であって、真如が人となって法蔵菩薩という名で世界に入来し、誓願を立てて成就、阿弥陀仏となって一切衆生を真如への悟りへ導いている。したがってこの悟りに至った者はすべて「仏」「覚者」である。

だが、自力で万有の真如を悟り仏となることは、ほとんど不可能である。この不可能の中にあって、阿弥陀(法蔵菩薩)の本願成就による絶対他力の道が開かれているのであり、これら一切は人智の及ぶところではなく、親鸞は手紙においてくり返し「本願不思議」といい、宇宙万有が有するこの神秘を人智を以ってあれこれ忖度しようとせず、信徒は「みずから計らわざることを本義とす」とくり返し教えている。(なお万有の姿・真如に関しては、本書第三十八通「高弟顕智の聞き書き(自然法爾章)」参照。)

大乗仏教のなかでも特に浄土教の壮大な宇宙観の概略は以上のように記すことができると考えられるが、したがって「浄土」あるいは「極楽」とは、花咲き鳥歌う空間的な場所ではなく、広大無辺の宇宙万有がおのずから有する「真如」との合一であると考えられる。

ちなみに、浄土の有様をめぐって、法然は常々次のように語ったという。このことばのうちには、宇宙のどこかに在る楽しい場所として「浄土」を捉えるのではなく、人智を超えた超越的世界として「浄土」の存在を信じ、捉えている法然がいる。

「この日頃修行に励んでいる人々は観法をなしてはならない。たとえ仏の姿を観想したとしても、運慶快慶が造った仏の姿以上のものを観想することは出来ないのだ。また極楽の荘厳を観想するといっても、桜や梅の花が咲きほこり、桃やあんずの果物が実る以上の世界を観想することはむずかしい。

であれば、『かの仏、今、現に成仏して世に在す。まさに知るべし、本誓重願むなしからずと。衆生称念せば必ず往生を得』、という善導の御釈を信じ、ふかく本願を頼みとして、ただひたすら名号をとなえなさい」(拙著『法然の手紙』「常に仰せられたことば」)。

また、親鸞においてさらに重要であるのは、かくして真如によって悟りへ達し、広大無辺の宇宙の真如に合体した者(=往相廻向)は、死後、ふたたび真如がわれらに差し向けている働きによってこの世に生まれて来(還相廻向)、衆生救済に努める(還相廻向の菩薩)、という信仰であろう。

この往相・還相廻向が、親鸞の信仰思想を形成する二大柱である。本書第十二通「解説」にも記したように、『教行信証』は主に世親の『浄土論』と曇鸞の『浄土論註』を拠り所として、壮大な真如の働きであるこの往相・還相二廻向のさまを論述した書である。(第二十二願(還相廻向の願)については本書第三十通の解説参照。)

＊3　恵心僧都源信の『往生要集』は、末法の世にわれら衆生が救われる道は念仏以外にはないということをさまざまな経典や注釈書によって説いたもので、法然や親鸞はじめ後世に大きな影響を与えた。十世紀後半成立。

なお恵心僧都源信(九四二～一〇一七)は天台の学匠で平安時代を代表する名僧である。親鸞は浄土教の七高僧として日本の僧侶の中からは源信と法然の二人を選んだ。

＊4　善導大師については本書第四通本文の注＊2参照。

＊5　性信房については本書第十一通本文の注＊5および第十八通の解説参照。

第十五通　下野高田在住の直弟子真仏房への手紙（一）

師匠の信願坊に無断で上洛していた円仏坊[*1]が国許へ帰るにあたり、信願坊への執り成し方を真仏に依頼した手紙。高田専修寺に親鸞の真蹟が残る。

親鸞が京都に帰った後、関東に残された同朋はいくつかの集団を形成し始め、集会する中心地の地名を冠せて何々門徒と呼ばれ次第に地域を越えて発展していったが、親鸞の門弟に関する基礎史料である『交名牒』をみると、「交名牒に連なる門弟の中で圧倒的に多数なのは、高田の真仏門下である」（平松令三『親鸞の生涯と思想』）。

文中、十二月十日に火災に遭ったことを親鸞は記している。これは「恵信尼の手紙」第二通と照合して、建長七年（一二五五）のことであろうという。火災当時親鸞は八十三歳。五条西洞院に（『御伝鈔』）娘の覚信尼と同居していた。

この後、焼け出された親鸞は実弟・尋《じん》有《う》僧都《そうず》の善法院（三条富小路）に寄寓し、最晩年を過ごしている。ちなみに、この時尋有は栃木県日光輪王寺の「上番預阿闍梨」として日光にあり、京都の自坊は留守であった（平松令三古稀記念会編『日本の宗教と文化』所収の森正士「親鸞聖人の遷化をめぐって」）。

＊1　円仏坊についての詳細は不明だが、『交名牒』には直弟「常陸国府住信願」の下に「円仏」の名が記されている。

こちらに来ていた円仏坊が国許へお帰りになります。念仏への志が深いために自分の師僧にも黙って上洛して来られたのですよ。どうかこのことを十分配慮され、円仏坊の師僧にはあなたからよしなにお口添えくださ い。

この十日の夜、火災に遭いました。円仏坊はそんな中を、よくぞ尋ねてくださったものです。その志をわたくしは有難いことに思っています。これらのことについては帰郷した円仏坊自身があなたにお話するでしょう。よくよくお聞きになってください。あれこれと忙しいまま詳しくは申し上げられません。あなかしこあなかしこ。

十二月十五日　（花押）

真仏御房へ

第十六通　下総飯沼在住の直弟子性信坊への手紙（二）

訴訟[*1]の申し開きが終って鎌倉から故郷飯沼に帰った性信坊に宛てた手紙。無事に事件が解決したよろこびと、その気持ちを性信に伝える幸便を得たことのよろこびが文面いっぱいに広がり、念仏を誹謗する人々のためにも祈るようにと親鸞は記す。この手紙を読むと、法然の命日（建暦二年一月二十五日）には亡き師を偲んで毎月二十五日に親鸞はじめ門弟達の間で念仏会が行われていたようだ。

＊1　訴訟事件については本書第十三通の解説参照。

鎌倉から国許へお帰りになられて、その後、何か変わったことはありますか。お国の源藤四郎殿[*1]に思いがけずお会いいたしました。幸便を得たうれしさに一筆申し上げます。

その後、何か変わったことはありませんか。

幕府に念仏が訴訟された一件は無事解決した由。みな様から承りましたのでとてもうれしく思います。今後はお念仏もしっかり広まることであろうと、深くよろこんでおります。

これにつけましても、あなたの浄土往生は今や定まったのです。

どうか念仏をお心に入れて常にお称えになり、念仏を謗る人々のこの世・後の世までのことを祈ってあげてください。浄土への往生がすでに定まっているあなた方ご自身のためには念仏を何に役立てる必要がありましょう。ただただ誤った考えの中にいる世の人々のために祈り、彼らも念仏往生を誓われた弥陀の御誓いに縋るようにとお考えになるならば、それは仏のご恩にお応えすることになるのです。

よくよくお心に入れて同信の方々とともに念仏を称えてください。

法然聖人のご命日である毎月二十五日に称えられるお念仏も、つまるところは、誤った考えに囚われているこうした人々を助けるために称え合おう、という趣旨で行われるものですから、どうか念仏往生の道を知らず邪見に囚われている人々が、助かるようにと念じて互いにお念仏し合ってください。

その他大切なことはたびたびお手紙をして申し上げました。

源藤四郎殿に幸便を得たことがうれしくてこのお手紙を記しました。あなかしこあなかしこ。

入西御坊[*2]にもお手紙したいのですが、書き記したいことは同じですので、ここに記しましたわたくしの気持ちをお伝えください。あなかしこあなかしこ。

親　鸞

性信御坊へ

＊1　源藤四郎については性信と同郷という以外不明。

＊2　入西坊《にゅうさいぼう》については『交名牒』に「常陸国住」として、直弟子第一位の真仏に続く第二位にその名が記されている。生没年未詳。また『親鸞伝絵』巻上第八段によると、仁治三年（一二四二）、入西は京都七条辺りに住んでいた絵師定禅《じょうぜん》に親鸞の寿像を描かせた。

第十七通　真浄坊[*1]への手紙

すでに記したように、自分の名代として関東に派遣した実子の慈信坊善鸞は、この頃、関東で異義異端を言い広め出し、多くの同朋を惑わせていた。[*2]

念仏を禁止するよう幕府に訴え出られた訴訟事件は、性信の弁明によって無事解決されたが（本書第十六通）、異義異端の教えはなお、同朋の間に広まっていたのである。そして前述したようにことの詳細は不明だが、幕府が念仏弾圧を行った背景には、善鸞の存在があった。

本通はそうした実情を次第に知っていく親鸞の苦悩がにじむ手紙で、親鸞は真実の浄土信仰を培うよすがとして、聖覚の『唯信鈔』や隆寛[*3]の『後世物語』を東国の同朋たちが読むように勧めている。またこの手紙が、在地の権力者の力を借りて念仏を広めようとしてはならないと戒め、場合によっては弾圧の地を去って他へ移住することを勧めていることは重要である。

なお、親鸞のこの勧告にふれて平松令三氏は、そこには「在地性」のない教化が見られるといい、次のように述べている。長くなるが引用（抄出）させていただきたい。

「親鸞のこういう指示は、真浄房がその地域内に寺院はもちろん道場やそれに類する施設を何も持っていなかったことを思わせる。……彼らの教化伝道生活というものが、地域へ何らかの施設をもうけて、そこを拠点とするのではなく、何らかの縁によってその地へやって来ただけのことだったとしか考えられない。

真浄房の場合、この土地のおそらく有力者を頼ってこの地へ来て教化伝道していた、と思われる。ところがそこへ親鸞の息子という肩書を持つ慈信房善鸞が入り込んできて真浄房の外護者であった有力者を彼から引き離してしまったらしい。縁を失った彼は居場所を失い、「所狭く」なったのだと考えられる。この真浄房のような形態は、親鸞門弟たちの多くに共通するのではなかろうか。いうなれば「在地性」のない教化である。そういう在地性を欠如しているところ、それこそ遊行し遍歴する『聖』の姿であった」(『親鸞の生涯と思想』「親鸞教団の地縁性について」)。

なお東国における門徒たちの在りように関しては本書第七通の解説参照。

＊1　真浄坊については、順信の門弟で常陸国鹿島在住の人かと推定される以外詳細は不明。
＊2　関東に遣わされていた善鸞の動きに関しては本書第十通、第十一通の親鸞の手紙および解説を参照。
＊3　聖覚法印と隆寛律師については本書第六通本文の注＊2、＊3参照。

さて、念仏に関してたいへん面倒な状況になっているように承っております。返す返すも心苦しいことです。

結局、その土地での念仏のご縁が尽きたということではないでしょうか。ともあれ、念仏が禁止されるなどということにお嘆きになることはありません。念仏を禁止しようとする人こそどのようなことにもなるでしょうが、お称えする人に何の心配がありましょうか。俗世の権力を持つ人々を頼って念仏を広めようと協議し合うことが決してあってはなりません。その土地に念仏が広まるかどうかということもみな、仏の御計らいにあるのです。

慈信坊があれこれ申しますことによって、そちらの方々もお心をさまざまに乱しておられることを聞き及んでおります。

ほんとうに困ったことです。

ともあれ、仏の御計らいにお任せいたしましょう。また、ご当地での念仏のご縁が尽きているのであれば、いずれの土地へでもお移りになられるよう取り計らってください。

慈信坊が申したことを信用されて、わたくしが「在地の権力者を強力な伝手にして念仏を広めよ」と慈信坊に命じたなどと決してお思いになってはなりません。そのようなことを申したことなど、わたくしは全く、一度もありません。甚だしい誤りです。

念仏を妨げる者がいるのはこの世の常であると、前々から仏は説いておられますから、格別お驚きになることはないのです。

ただ、あれこれと慈信坊が申しますことを、わたくしが申しましたことだとお思いになることが決してあってはなりません。浄土の法門のことも慈信坊はまったく別の方角に歪めて言っているのです。お耳にお入れになってはなりません。
甚だしく誤ったことどもが京都のわたくしの方にも聞えてまいります。

浅ましいことです。

入信坊*1なども気の毒に思います。鎌倉に長く滞在しているようで気の毒です。もっとも、現在、入信坊は病気とか。それで鎌倉を動けないのでしょうが、わたくしには力及ばぬ次第です。

慈信坊に騙されて常陸奥郡の人々の信心が浮き足立っているとのこと。返す返すも嘆かわしく残念でなりません。さらにはこのわたくし親鸞も、人々を騙したように聞えてまいりますのはほんとうに情けないことです。

しかし他方、このようなことになっておりますのも人々の信心が定まっていなかったことの表れでしょう。そう思いますにつけ、ますます悲しくなります。

慈信坊の言葉によって、人々の日ごろの信心が揺らぎ始めたということも、詮ずるところ、その信心がまことのものではなかったことの証拠でしょう。隠れていたものが明らかになって、却ってよいことでもありました。

そうでありますのに、こうした間違った教えをわたくしが申しましたように人々が言いあっていることこそ、嘆かわしいことです。日頃み教えについて書き記したさまざまな書物を方々は所持しておられますのに、その甲斐がありません。聖覚法印の『唯信鈔』をはじめさまざまな書物は、今はお持ちになっていてもその甲斐なき書物になってしまいました。熱心に書き写して持っておられたこれらの書物が説く浄土の教えは、みな、詮ないことになってしまいました。

慈信坊のいうことにみな従って、尊い書物などは互いに捨ててしまわれた、ということが聞えてまいりますのは言いようもない悲しさです。

どうかよくよく『唯信鈔』や隆寛律師の『後世物語』などをご覧ください。年来、信心の厚い人であると評判の高かった人々が、みな慈信坊に靡いて、今までの信心は間違った信心であったと言い合っていると、京都のわたくしのところにまで聞えてまいります。嘆かわしい嘆かわしいことです。

何ごとも何ごともまた申し上げましょう。

正月九日　　親鸞

真浄御坊

＊1　入信坊は『交名牒』によると常陸奥郡在住の直弟子。

第十八通　同朋たちへの法語

この手紙は「宝号経」の言葉を引用、人間の計らいを排して絶対他力の信仰を説く法語である。

なお、「宝号経」は現存する大蔵経《だいぞうきょう》には所在しない。ただし、法然選と伝えられる『弥陀経義集』には「宝号王経。非行非善。但持仏名故。生不退位」の記述があり、また高田専修寺蔵の筆写本『浄土真宗文書』にも「宝号経」の文字があるという（『現代の聖典　親鸞書簡集　全四十三通』）。

ここで「同朋」の語について記すと、親鸞は自分に法を聞こうとする門弟たちを弟子と呼ばず、同朋・同行といった。『歎異抄』は、

「親鸞は弟子一人も持たず候」「弥陀の御催ほしに与りて念仏申し候人を、わが弟子と申すこと、極めたる荒涼のことなり」

という親鸞の言葉を記している。

また関東時代、親鸞に師事した門弟が何人いたかの詳細は不明だが、『交名牒』を調査した赤松俊秀によると（『親鸞』一二三〇頁）、

下野国に真仏以下六名

常陸国に順信以下二十名（平松令三氏によると十九名）

下総国に性信以下三名（同四名）
奥州出羽両国に如信以下七名
武蔵国に西念一名
越後国覚然一名
遠江国に専海一名
洛中に尊蓮以下七名（同八名）
所在不明に西願一名

の四十七名（四十八名）で、その他の史料からも名前を拾い出すと、一応の総計は七十六名になるという。

これらの門弟には地方の豪族もいたが、多くは田夫野人であった（山田文昭）。そして以下、赤松俊秀によると、彼らつまり親鸞面授の同朋の多くは、それぞれが自分の念仏道場を作り、自らその主となって多数の信徒を集めて何々門徒（たとえば真仏の高田門徒、性信の横曽根門徒）と称したのである。

道場といっても伽藍があるわけではなかった。道場主の私宅がそのまま転用されたものが多く、阿弥陀仏の名号を本尊に、左右にインドや中国、そして日本の高僧先徳の肖像を安置したものであったろう。

本書第十一通をみると、「大部の中太郎」という者が九十余人の弟子を善鸞に取られたことを記している。であれば、真仏や性信などの有力道場主はもっと多数の門弟を集めていたであろう。

善鸞は下野、常陸、下総の諸国で道場を経営し門徒を維持しているこれら親鸞面授の門弟たちに、彼らが直接親鸞から聞いたといって自分の門徒たちに伝えている教えはみな誤っているといって、面授の彼らを集中攻撃したのである。

そして事態を正しく批判理解する能力を欠いた門徒層が、この善鸞の扇動に乗り、深刻な動揺を示しだしたことが、善鸞事件であったと思われる。

『宝号経』に

「弥陀の本願は、われらの計らいで修める行によってではなく、善によってでもなく、ただ仏の名号を保つだけで往生させようというのである」

と記されています。

「南無阿弥陀仏」という弥陀の名号はそれ自体善であり行である。行とは善を行うというところからいわれる言葉です。

本願とは仏の御約束であると心得てしまえば、凡夫にとって念仏は行でも善でもありません。そこにあるのは弥陀の本願だけなのです。それゆえに他力というのです。

「南無阿弥陀仏」と名号を称える本願の念仏は浄土往生を果たさせる直接の要因であり、喩えていえば父といえるでしょう。

一方、大慈大悲の阿弥陀仏の光明は往生を育む間接的要因であり、これを喩えれば母といえよう。

第十九通　下野高田在住の直弟子覚信房への返書

建長八年（一二五六）覚信房に宛てた親鸞八十四歳の返書。

覚信の名は『交名牒』に「覚信　下野高田住」と記され、慶信《きょうしん》坊宛親鸞の返書（本書第三十七通）に添えて蓮位がしたためた「蓮位添え状」にも、「覚信」の名が出てくる。この「蓮位添え状」によって、覚信は慶信坊の父であると想定される。太郎入道と号した。

また覚信は親鸞の『西方指南鈔』の書写を許された一人で、親鸞を慕う心にはきわめて深いものがあった。病を押して上洛し、親鸞の許で死去している。

追伸に記される専信坊の生没年は未詳である。ただし『交名牒』によると、専信は真仏の弟子で、また親鸞から直接教えを受けた「上人面授」の弟子でもあった。真仏や覚信などと同じく下野高田に住していたが、この返書の追伸も記しているように、その後京都により近い遠江池田（現在の静岡県浜松市）に移った。

『三河念仏相承日記』（『親鸞聖人行実』所収）によると、康元元年（＝建長八年。十月五日改元）十月十三日、真仏・顕智・専信および弥太郎（のち出家し随念）の主従四人が、関東から上洛して親鸞八十四歳を訪ねたという。

親鸞の肖像画としては生前の寿像として「鏡の御影」「安城の御影」（ともに国宝）があり、また没後に描かれた「熊皮の御影」が名高い。このうち「安城の御影」（西本願寺蔵）はこの専信が建長七年（一二五五）絵師朝円法眼《ちょうえんほうげん》に描かせた親鸞八十三歳の寿像である。
なお『親鸞聖人正統伝』によると、専信は親鸞の臨終に侍し、親鸞の頭を剃った。善鸞義絶状を親鸞がしたためたのは、この手紙が書かれた翌日の五月二十九日であった。

四月七日のお手紙、五月二十六日にたしかに拝見いたしました。

さてお尋ねのこと、信の一念と行の一念は言葉の上では二つですが、信を離れた行はなく、行の一念を離れた信の一念もありません。

その訳は、行というのは本願の名号、すなわち「南無阿弥陀仏を一声称えれば往生できる」ということを聞いて、一声ないし十声を称える、それが行です。また信というのはこの弥陀の本願を聞いて疑う心の少しもないこと。それを信の一念と申します。

であれば、信と行とは二つのように聞えますが、わたくしたちの浄土の信仰とは南無阿弥陀仏と一声《ひとこえ》、行《ぎょう》を称えて往生する、と全く疑わずに信じることですから、行を離れた信はないのだと聞いております。また信を離れた行もないのだとご理解ください。

かかることはみな、弥陀仏の御誓願によることを知らなければなりません。行も信も御誓願なのです。あなかしこあなかしこ。

御いのちがありましたら、必ず必ず上洛なさってください。

五月二十八日　（花押）

覚信御房　お返事

専信坊が東国から遠江へ移住され、京都へより近くなられましたこと、心強く思います。また、御志の銭三百文[*1]、たしかに謹んで頂戴いたしました。

＊1　三百文は現在のおよそ一万八千円（『現代の聖典　親鸞書簡集　全四十三通』）。

第二十通　慈信房善鸞への手紙（義絶状）

実子善鸞に宛てた親鸞八十四歳の手紙である。「善鸞義絶状」と呼ばれ、義絶事件後四十九年を経た嘉元三年（一三〇五）に、高田の顕智[*1]が書写したものが現在に伝わっている。

一読、読む者に伝わりくる父親鸞の心中は、沈痛にして悲痛極まりない。

また書状中、「継母の尼」とあるのは、親鸞の妻で善鸞の実母恵信尼を中傷していったものか、と推定されている。

書状の中で親鸞の原文が、

「その文、つやつやいろはぬことゆゑに、ままははにいひまどはされたると書かれたること、ことにあさましきことなり。世にありけるを、ままははの尼のいひまどはせりといふこと、あさましきそらごとなり。またこのぜにいかにしてありけりともしらぬことを、みぶの女房のもとへも文のあること、こころもおよばぬほどのそらごと、こころうきことなりとなげき候ふ」

と記す箇所は、具体的内容が記されていないために、難解で定説がない。

ただ、「世にありけるを」という書状中のことばと、善鸞が実母恵信尼のことを継母と記していることを知った親鸞が「あさましきそらごと」と慨嘆していることを考え合わせると、この「世」というのは親鸞と恵信尼の結婚と善鸞の出生、幼少時代等に関わる語だと考えることはできないだろうか。本書では左に挙げる①〜⑤[*2]その他を参考にして訳を試みたが、当時「世」ということばは、「国家、時世、人生、命……」などとともに男女関係や夫婦生活を語る語でもあった。「世にあり」とは辞書的には「この世に生存している」という意味であるが。

なお、「またこのぜにいかにしてありけりともしらぬことを、……」の箇所は、従来、「またこの世にいかにしてありけりともしらぬことを、……」と読まれてきた。しかし近年、平松令三氏は顕智が書写した義絶状写真版を精査し、ここのところは「この世に」ではなくて「このぜに」（＝このぜに）と読むべきであることを主張（『親鸞の生涯と思想』「善鸞義絶事件の根本的再検討」）。義絶事件には金銭問題が関っていたと推定した。

この平松氏の読みを受けて『親鸞聖人行実』では「このぜに」となっている。本書はこの読みに従った。

＊1　顕智（一二二六〜一三一〇）は親鸞の高弟高田在住の真仏の弟子で、その女婿でもあった。親鸞の臨終に近侍し、親鸞を埋葬した大谷廟堂の維持に尽くした。本書第三十八通「高弟顕智の聞き書き（自然法爾章）」の本文および解説参照。

＊2　①「今も健在であるのに」（『親鸞聖人ご消息・恵信尼消息』）
②「まったく言うに事欠いて……」（『現代の聖典　親鸞書簡集　全四十三通』）
③「まだ亡くなってはいないのに」（『親鸞全集第四巻』）
④「その当時一緒に居りましたのに」（『親鸞聖人御消息講読』）
⑤「この世にいるのに」（『真継伸彦現代語訳・親鸞全集四』）

手紙で仰っていることについて詳しく聞きました。

何にもまして哀愍房《あいみんぼう》とかいう人が、京にいる私から手紙を貰ったと言っておられるとか。実におかしいことです。

未だ顔を見たこともなく手紙を貰ったことも一度もありません。こちらから手紙などしたこともないのに、京の私から手紙を貰ったと言っているとは呆れたことです。

また慈信房、あなたが説いている法門の内容は、そのような法門の名前さえ聞いたことがありません。まったく見知らぬ教えであるのに、あなたは、「息子である私慈信房一人に、夜、父親鸞が教えたものだ」と人に言いふらしている由。そこでこのわたくしに対して常陸や下野の人々はみな、「自分たちは今まで親鸞から嘘偽りを教えられていたのだ」と話し合っています。

かかる状況になっては最早父子の関係があってはなりません。

またあなたを生んでくれた母恵信尼に向かっても、訳の分からぬ偽りごとを告げ口していること、言いようもない浅ましさです。

壬生の女房[*1]が私の許へ来て「慈信房がくださったお手紙です」といってあなたの手紙を置いて行きました。慈信房の手紙としてたしかにここにある筈です。慈信房の手紙ということでこちらにあります。その中に、これはまったく関係のない事柄に対して「継母の尼が今まで父親鸞を言い惑わしてきた」と書かれてあることこそは、特に浅ましいことです。

全く言うに事欠いて、生んでくれた実母のことを継母の尼と罵り、一切のことはこの継母の尼が言い惑わしたために起こったのだと言っていることは、言語道断の虚言であり浅ましさの限りである。またこの銭がどうしてここにあることになったか慈信房自身は知らないことを、壬生の女房に書いて手紙するなど、思い及ぶことさえできぬ虚偽虚言の羅列で実に情けなく嘆いていています。

このように数多くの嘘偽りを言い立てて六波羅や鎌倉にまで披露したとは全く嘆かわしいことだ。

尤も、かかる虚言はこの世に関することであるからどうでもよろしい。しかしそうであっても、嘘をつくということは情けないことであるのに、極楽往生という一大事に関して人々を言い惑わし、常陸や下野の念仏者を言い惑わして、親に虚言をなすりつけるなど、嘆かわしい限りである。

念仏による一切衆生救済を誓った阿弥陀の第十八願を萎んだ花に喩えて教え、人々みなに本願への信心を捨てさせたと聞き及ぶが、これは真に謗法の罪を犯せるものに他ならない。また五逆の罪を好んで犯し、教えを聞く人々を損ない惑わしていることに他ならず、悲しいことだ。特に教団を混乱に陥れる破僧の罪というものは五逆罪の一つである。この親鸞が教えもしないことを親鸞がそう教えたと言ってわたしに偽り事を押し付けたのは、父を殺すことであって五逆罪の一つである。

これらのことを聞くにつけてもその情けないことは言葉で言い表しようがなく、今はもう、親鸞を親と言ってはならない。わたしはあなたを子と思う心を捨てた。

この心を、「仏法僧」の三宝と神々の前にきっぱりとわたしは誓言した。

悲しいことである。

「関東のあなたたちが信じている浄土の教えは父親鸞が説くほんとうの教えとは違う」と言って、常陸の念仏者を好き好んで惑わそうとしたと聞くことこそ、情けないことである。

「造悪無碍を掲げる常陸の念仏者を潰せ、と親鸞の指図があったのだ」と鎌倉に申し出たということだが、浅ましい限りである。

五月二十九日。　（在判）

慈信房　御返事

同六月二十七日到来。

建長八年（一二五六）六月二十七日これを注す。

嘉元三年（一三〇五）七月二十七日、これを書写し終わる。

＊1　壬生の女房については詳細不明。

第二十一通　下総飯沼在住の直弟子性信房への返書（三）

実子慈信房善鸞に義絶状を出した同じ五月二十九日に、このこと、すなわち善鸞を義絶したことを関東教団の長老・性信に知らせた親鸞の手紙である。この手紙が、父としての親鸞の断腸の思いの上に書かれていることを見落としてはならないと思う。

現存する親鸞の手紙の中で、性信の名が出てくるのは七通にのぼり、門弟の中で一番多い。この手紙で、親鸞は善鸞の言説に多くの同朋がたやすく惑わされたことを嘆き、従来、親鸞自身が同朋たちに伝えてきた教えこそが、唯一真実の浄土の教えであるという信仰を述べている。

関東に下った善鸞は主に常陸国奥郡（茨城県北部）に居住していたと考えられるが、この奥郡一帯は修験道や陰陽道が古くから浸透した地域であった。

『慕帰絵詞』その他によると、晩年の善鸞は神子や巫女たちと親しくし、現世祈祷を否定する親鸞の教えとは相反する、現世利益を説く密教的病気平癒の護符を与えたりしているという（『現代の聖典　親鸞書簡集　全四十三通』）。

なお善鸞が称えた異義に関してはその内容を語る史料が乏しく、さまざまな解釈がなされているが、本書第十通および第十一通等の解説参照。

幾たびかいただきましたお手紙、詳しく拝見いたしました。

さて、慈信が説く浄土の教えのために、常陸や下野の人々の念仏に対する帰依の在りようが、ここ数年、これらご当地の方々の信心としてわたくしが承っておりましたものとはすっかり変わっていると聞えてまいります。

返す返す残念で情けなく思います。

長年に亘って往生はすでに定まっていると仰せであった人々が、慈信と同じく、定かではないと偽《いつわ》り言《ごと》を言い出しておられること、わたくしはこの人々を深く頼みにしておりましたのでつくづく情けなく思います。

と申しますのも、往生の信心というのは、一念も疑うことのない心をこそ往生一定《おうじょういちじょう》、すなわち往生は確かに定まったというのだと思うからです。光明寺の善導大師が「信」の在りようを説かれたお言葉にも、弥陀仏によって「真の信」を拝受した後はたとえ弥陀の如くの仏や、釈迦の如くの仏が空に満ち溢れて、「釈迦の教えや弥陀の本願はみな偽りであるぞ」と言ったとしても、一念の疑う心をも起こしてはならないとあり、わたくしも人々にこの通りに申してまいりました。

そうであるのに、慈信のような者が申しますことに常陸や下野の念仏者たちが皆お心を浮つかせて、挙句の果ては真実確かな証拠となる書物の数々を懸命にわたくしが書写し、お送りいたしましたもの全てを、みながこぞって廃棄されたと聞えてまいりますこと、もはや言うべき言葉もありません。

まず、慈信が説いている教えについては、その名前さえわたくしは聞いたことがなく、ましてや教えられたこともありません。慈信に親のわたくしが密かに教えることなどできる筈もないのです。また夜であれ昼であれ、人には隠して慈信一人に教えたこともありません。もしも浄土の真の教えを、慈信にだけ言って今まで他の人々には嘘偽りを言い、真実の教えを隠して人には知らせないでいたとするならば、仏法僧の三宝をはじめ三界の諸天・善神、四海の竜神八部、閻魔王界の神祇《じんぎ》、冥道の神々が下される罰を、わたくし親鸞はこの身にことごとく被るにちがいない。

これより以後、慈信については父子の義を断念しました。

彼は世俗に関することについても、思いもよらぬ嘘偽りを言い広めております。仏道のことのみでなく、世俗に関することについても恐ろしいことどもを数限りなく言い広めているのです。

なかでも、慈信が説いている教えというものを伝え聞きましたが、それは全く思いも及ばぬ教説です。わたくし親鸞としては未だかつて聞いたことも習ったこともない教えです。返す返す驚き呆れ、嘆かわしく思います。

慈信は弥陀の本願を捨ててしまったのです。殊に、そんな慈信に人々が付き従って、この親鸞をも慈信と同じ信心を持つ者にしてしまいました。実に悲しく、かつ不可解なことです。多くの人々は『唯信鈔』・『自力他力の文』・『後世物語の聞書』・『一念多念の証文』・『唯信鈔の文意』・『一念多念の文意』などを読んでおられながら、慈信が説く教えに惑わされて、多くの念仏者たちは弥陀の本願をこぞって捨ててしまわれたのでしょう。

言うべき言葉もなく、今後はこれらの書物のことを口になさらないでください。

また性信房がお書きになった『真宗の聞書』を読みましたが、わたくしが申しておりますことと少しの違いもなくうれしく思います。『真宗の聞書』一冊はわたくしの手許に置きます。

また哀愍房《あいみんぼう》とかいう人には未だ会ったこともわたくしが手紙を送ったこともありません。哀愍房の国許から手紙をもらったこともありません。であるのに、親鸞から手紙をもらったと言っているというのは恐ろしいことです。哀愍房が書いたという『唯信鈔』は内容が呆れはてたものですから焼却してください。返す返す情けないことです。

わたくしのこの手紙をみなさまにお見せになってください。あなかしこあなかしこ。

五月二十九日　　　　親　鸞

性信房　御返事

なおなお、今まで関東の念仏者たちが、自分達の信心はすでに決定したとわたくしに言い寄越してきたことは、みな偽りでありました。弥陀の第十八本願をかくまで互いに捨て去った人々であるのに、今までこの人々の言葉を信じ、年来頼もしく思ってまいりましたことが、わたくし自身、浅ましい限りです。

わたくしのこの手紙はお隠しになる必要などないものですから、よくよく皆様にお見せになってください。

第二十二通　東国の同朋への返書

親鸞八十五歳の手紙である。

前年五月、実子慈信房善鸞を義絶した親鸞は、その悲しみの中で自らの信仰を見つめ直すかのように曇鸞の『浄土論註』に加点を入れ、また師・法然の法語等を採り集めた『西方指南抄』を編纂。さらに『往相廻向還相廻向文類』『一念多念文意』その他をこの時期に集中して行っている。「親鸞の日々は多忙を極めていた」であろう。

ここで説かれている「五説」「四土」「三身」というのは仏教信仰における重要項目で、この手紙はこれらの重要な信仰項目の注釈を求めた者への返書であったと考えられる。注釈を求めてきた門徒もまた、善鸞事件で混乱したなかで、真の浄土信仰の姿を求めたのに違いない。

手紙の終り近く、親鸞は「目もみえず候ふ。なにごともみなわすれて候ふ……」と書いている。ほの暗い灯火のもと、「ふと、自らの老いの衰え」に真向かい、「独り静かに筆を置く」親鸞八十五歳の姿が彷彿としてくる（『現代の聖典　親鸞書簡集　全四十三通』）一通である。

五説というのは、すべての経典を分類してみると大きく五種類に分かれる、ということです。

一つ目は釈迦仏の説。

二つ目は釈迦仏の聖なる弟子たちの説。

三つ目は天人や仙人の説。

四つ目は阿修羅のような超人的な自在力をもつ六部鬼神の説。

五つ目は変化、つまり仏や菩薩が姿を変じて仮に種々の相を現じた者の説。

しかしこの五つの中では一つ目の仏の説を用いるべきで、後の四種の説を拠り所にしてはなりません。浄土の教えの聖典、すなわち無量寿経・観無量寿経・阿弥陀経という浄土三部経は、釈迦如来がご自身で説かれたものだと知らなければならないと承っております。

また次に四土について説明すれば、四土とは次の四つの仏国土のこと。すなわち、

一つは、色や形を超えた絶対的真理そのものを法身として捉え、この法身が遍満する仏国土。

二つは、菩薩であった時に誓いを立てて修行し、願行の実りとして西方浄土が報いられた阿弥陀仏のような仏を報身として捉え、この報身が主宰する仏国土。

三つは、抽象的存在としてではなく、衆生救済のために仏が生身の姿をとってこの世に現れた、たとえば釈尊のような仏を応身として捉え、この応身が主宰する仏国土。

四つは、衆生救済のためにさまざまな姿をとって仮りに変現した仏のことで、この仏を化身として捉えてこの化身が主宰する仏国土。

この四種の仏の国を四土と言い、このうち安楽浄土と申しますのは報身の国土です。

また三身とは、

一法身、二報身、三応身

のこと。

法身とは、宇宙万物に偏在する絶対的な真理そのものを指します。真理そのものを仏身として捉え、法身の仏と言うのです。

報身とは、阿弥陀仏のように、仏になる以前成仏するための願を起こし、修行の結果その果報として仏の相好を備えることになった場合のことで、これを報身として捉えて報身の仏と申し上げるのです。

また応身とは、われら人間が真理を悟る能力に応じて、さまざまに姿を変えて現れる仏のことを申し上げます。

以上、「法身、報身、応身」の仏のうち、阿弥陀如来は報身の如来にまします。

またわれら仏教徒が帰依する三宝というのは、
一に仏、二に仏の教え、三に教団
で、浄土の教えにおいては一の仏を中心にいたします。
そして四乗というのは、
一は仏乗、二は菩薩乗、三は縁覚乗、四は声聞乗
のこと。乗とは乗り物つまりみ教えです。
仏乗とは、悟りにいたる道とはどのような道なのか、一切衆生に向かって仏が説き明かした普遍的なみ教えのこと。
菩薩乗とは、自らの悟りを求め、さらに衆生をも悟りに至らせようと目指す者が到達したその教えのこと。
縁覚乗とは、森羅万象一切は縁起によって起こりますが、その縁起の道理を、師仏の教えによらずみずから独りで観じて悟りを得ようとした者が到達した、その教えのこと。
声聞乗とは、釈迦の教えを聞いて自身の悟りを目指す者が到達した教えのこと。
ところでこの四乗のうち、浄土の教えは菩薩乗です。
次に二教というのは、
一つは、速やかに悟りに至る教え、つまり頓教。

二つは、漸次に段階を経て悟りにいたる教え、つまり漸教。

この頓教と漸教二つの中で、本願他力による浄土の教えは頓教です。

また二蔵というのは、
一つは、衆生を悟りに至らせることを目指す者たちに示された、大乗仏教の経典群である菩薩蔵。

二つは、みずからの悟りを目指す者に示された、小乗仏教の経典群である声聞蔵。

この二つのうち、浄土の教えは菩薩蔵です。

次に二道というのは、
一つは難行道。

二つは易行道。

この二道のうち、浄土の教えはわたくしたちが難行苦行をした末に浄土に至るのではなく、阿弥陀仏の本願他力の働きによって往生する易行道なのです。

さらに二行というのは、
一つは、念仏称名を中心とする正行。

二つは、念仏以外の諸々の行を行う雑行《ぞうぎょう》。

このうち、浄土の教えは正行を根本といたします。

また二超とは、
一つは竪超《じゅちょう》。

二つは横超《おうちょう》。

この二つの中で、本願他力によって横ざまに飛び越える浄土の教えは横超です。竪超とは縦様に一歩一歩道を辿っていこうとするもので、一段一段自力で登る聖道門仏教の自力の教えがこれにあたります。

そして二縁とは、
一つは無縁。

二つは有縁。

今、この浄土の教えは誰にとっても有縁の教え、つまりあらゆる人に縁がある最適の教えに他なりません。

二住とは
一つは、正住《しょうじゅう》、つまり永遠に変わらずに続いていく教え。

二つは、不住、つまりやがては消滅する教えです。

浄土の教えは正住で、仏法が滅びた後もなお百年の間止まり、人々に救いの恵みを与えてくださると言われております。

不住とは諸々の修行を行う聖道門仏教の教えのこと。これら不住の教えは仏法が滅びる時には竜宮へ隠れてしまいます。

仏の道を不思議乗といい、仏の智慧を不思議智と申しますが、この仏道仏智の不思議を思い測り、諸々の善を自力で行おうとするのが聖道門仏教が説く八万四千の善行なのです。他方、不思、つまり一切は如来の本願に拠るのだと信じ切り、この本願を信頼して自分のほうではあれこれ考えたり忖度したりしないこと。これがわれらには思い測ることのできない浄土の教えに他なりません。

お訊ねになったことどもを、わたくしは以上のように記しました。他のことはどうかよく知っている方にお尋ねになってください。この他のさらに詳しいことはお手紙に記すことができませんでした。

目も見えなくなっています。何事もみな忘れてしまいました上に、わたくしはもともと、どなたにでも説明できるような柄ではありません。十分に浄土の学者にお尋ねください。あなかしこあなかしこ。

閏三月二日

親鸞

第二十三通　下総飯沼在住の直弟子性信房への手紙（四）

性信房（一一九一〜一二七五）に宛てた四通目の手紙。

親鸞が関東から京都に移った後、関東の同朋たちは手紙によって親鸞の教えを仰ぎ、直弟子の長老を中心に信仰を守っていた。しかし親鸞没後、曾孫覚如（一二七〇〜一三五一）の時代になると、時間の経過の中で関東の同朋たちは次第に独立的傾向を示すようになり、下野国に「高田門徒」、下総国に横曽根門徒、常陸国鹿島に鹿島門徒、奥州大網に大網門徒その他の門徒グループが誕生していった（『現代の聖典　親鸞書簡集　全四十三通』他）。

親鸞の手紙は『末灯鈔』『親鸞上人御消息集』『御消息集（善性本）』『親鸞上人血脈文集』『真蹟・古写消息』として現在に伝えられて来たが、本書簡は『親鸞上人血脈文集』全五通のなかの一通である。

ここに「血脈」とは法統の師資相承《しそうじょう》をいう。『血脈文集』全五通中四通はすべて性信房に宛てた親鸞書簡で、あとの一通は慶西《きょうさい》に宛てたものであるが、この慶西も性信の弟子であったと考えられている。

つまり、今日に伝わる『血脈文集』全五通は、性信の血脈（横曽根門徒）の正当性を示す意図のもとに編集されたものであろうという。

性信についてはすでに触れたが、下総国飯沼に住し、横曽根門徒の柱石をなす念仏者であった。彼が不動の信仰と気骨の人格者であったことは、親鸞の手紙が示しており、特に善鸞事件が起きた前後の日々、親鸞の手紙を受けた性信が、混乱する東国の念仏者たちを鎮め彼らを浄土の真の教えに導いた功績は大きかった（本書第十三、十六、二十一通の本文および解説参照）。

なお、性信によって「しむの入道」と「正念房」が念仏信仰に導かれたことを手紙は記しているが、この二人については不詳である。

また大番役というのは、鎌倉幕府の御家人が交代して京都御所ならびに洛中を警備する役をいう。鎌倉幕府開設前から行われていたが、幕府開設後は任務期間は六ヶ月に短縮され、さらに三ヶ月となった。「しむの入道」と「正念房」とはこの大番役で上洛中、親鸞を訪ねたのである。

武蔵の国から、しむの入道という人と正念房という人が大番役で上京されたということで、わたくしをお訪ねくださいました。お会いいたしました。

お念仏のお志がおありとのこと。殊のほかうれしくめでたく思います。

お念仏のお志を起こしたのはあなたのお勧めがあったからとのこと。返す返すうれしく心に沁みました。どうかなおなお、しっかり念仏をお勧めになられ、信心が変わることのないよう人々に説いてください。

念仏は阿弥陀如来のお誓いである上に、阿弥陀のこのお誓いを信じるようにとお教えになる釈尊のお勧めでもあるのです。また十方恒沙、つまりあらゆる世界、あらゆる宇宙の数限りない仏たちが、念仏往生の真理を証明しておられることなのです。関東のみな様方の信心が別のものに変わってしまうことはない、と思っておりましたが、それぞれさまざまに変わってしまわれましたこと、殊に嘆かわしく思っております。どうかよくよくお念仏をお勧めになってください。あなかしこあなかしこ。

九月七日　　　　　　　　　　　　　　　　親鸞

性信御房

（追伸）

念仏に関して起きていた訴訟事件のことがこちらにもいろいろに伝わっていましたが、今はあなたも落ち着かれたということをこのお二人がお話くださいました。うれしく安堵の思いが心に広がります。

何事も何事も言い尽くしがたく思います。いのちがありましたならば、次の機会にまた申しましょう。

第二十四通　しのぶの御房への返書

「しのぶの御坊」の問いに対し、阿弥陀仏[*1]が「摂取不捨」の仏であることを善導大師の『般舟讃《はんじゅさん》』[*2]を引用して説いた返書。

文中、「正定聚《しょうじょうじゅ》」とあるのは、往生が決定して必ず悟りを開くことが出来る信仰者のことで、仏教において、「正定聚」になるのは死後浄土に往生してからと考えるのが一般的であるのに対し、親鸞の信仰で特徴的なのは、「正定聚」になるのをこの世で信心が決定した時であるとするところにある。これを「現世正定聚《げんせしょうじょうじゅ》」といい、本通はじめ親鸞の手紙ではしばしばこの「現世正定聚」の信仰が説かれている。本書第九通、第十通、第十四通、および第二十五通の解説参照。

なお「しのぶの御房」とは高田専修寺を開基し、親鸞の手紙にもしばしばその名が記される真仏のことではないかという。『末灯鈔』では「真仏御坊」となっている。

＊1　阿弥陀仏については本書第九通、第十通、および第十四通の解説等参照。

＊2　『般舟讃』は『観無量寿経』等によって浄土の荘厳を讃美し、穢土を厭離して浄土を欣求する心を讃えた唐の善導大師の偈《げ》（詩）。親鸞は『般舟讃』に加点を施している。

お訊ねになりました摂取不捨のことについては、唐の善導和尚が著した『般舟三昧行道《はんじゅざんまいぎょうどう》往生讃《おうじょうさん》』という経に説かれているのを見ますと、釈迦如来と阿弥陀仏とはわれらの慈悲の父母であって、さまざまな手立てを尽くしてわれらにこの上ない信心を開き起こしてくださる、と書かれてありますので、わたくしたちに真の信心が定まるということは釈迦や阿弥陀の御計らいであるとうかがわれます。

「必ず往生する」、と信じ心に疑いが生じなくなるのは、弥陀によってその人が摂取せられているからだと思います。摂取していただいたからには、もはやあれこれと行者の計らいがあってはなりません。ひとたび摂取していただいた行者は、浄土へ往生するまでは今ある境地から退転するようなことはないのですから、その境地を正定聚《しょうじょうじゅ》の位に立つ、すなわち一点の揺るぎもなく往生が確定した人々と名づけているのです。

真の信心は釈迦如来と阿弥陀如来、この二尊の御計らいによって起こしていただくのだ、と書かれていることからいたしますと、信心が定まる時というのは、光明そのものである阿弥陀の摂取に与る時なのです。

そしてひとたび摂取に与ったならば、真実浄土に生まれるまでは現世にあって、この正定聚の位に留まりつづけるのであると思われます。

ともあれ、行者の計らいが塵ほどもあってはならないからこそ、他力と申すのです。あなかしこあなかしこ。

十月六日

しのぶの御房の御返事

親　鸞（花押）

第二十五通　下総飯沼在住の直弟子性信房への手紙（五）

手紙にたびたびその名が記されてくる下総国飯沼在住の性信房に宛てた親鸞八十五歳の手紙。

直弟子である彼は親鸞が関東を去った後、横曽根門徒を形成し、のちに坂東報恩寺を開基したことはすでに触れた。俗名大中臣与四郎。建治元年（一二七五）、八十九歳で死去。坂東報恩寺に伝えられてきた親鸞自筆の『教行証文類』（＝教行信証）は貴重な草稿本である。

なお本通で説かれる「正定聚《しょうじょうじゅ》」については「第二十四通　しのぶの御房への返書」参照。

『大無量寿経』（略して単に『無量寿経』とも）二巻は正式には『仏説無量寿経』、略称して『大経』または『雙巻経』という。

サンスクリット原典が漢訳されたのは三世紀曹魏の康僧鎧《こうそうがい》の手によったと記されているが、最近の研究は漢訳を五世紀に遅らせ、仏陀跋陀羅《ぶったばったら》と宝雲《ほううん》の共訳によるのではないかといわれている。

ここで『大無量寿経』の構成を記すと、

上巻……阿弥陀仏成立の次第と浄土荘厳のさまを説く。

下巻……上輩、中輩、下輩に分かれる衆生往生の次第を説く。

爾来『大無量寿経』は、浄土三部経の一つとして『観無量寿経』、『阿弥陀経』とともに日本の浄土教典として大きな影響を与えてきた。

ちなみに浄土三部経（『大無量寿経』『観無量寿経』『阿弥陀経』）のうち、法然は特に『観無量寿経』を重視し、親鸞は『大無量寿経』を重視している。[*1]

また『無量寿如来会《にょらいえ》』は『大無量寿経』の異訳。ここで親鸞は弥勒菩薩にふれて記しているが、この菩薩は釈迦入滅の五十六億七千万年後にこの世にくだり、竜樹の樹の下で法会《ほうえ》を開いて釈迦亡き後の衆生を救済される次世仏《じせいぶつ》である。

親鸞は手紙の中でしばしば「正定聚は弥勒と等し」という。

これは念仏信心が定まった時、現世にありながらその信仰者は次世で仏となることが確定している（＝現世正定聚）、という親鸞の信仰の中心をなすもので、信心決定した念仏者を、次世で仏となる「弥勒」「と等し」と親鸞はくり返し説いている。

そこには念仏者の尊厳性に対する親鸞の自覚があった。「文字の心も知らず、浅ましき愚痴きわまりなき」「田舎の人々」、また異義異端に踏み迷っている人々が、この尊厳性に目覚めることを親鸞は促すのである。

なお「現世正定聚」というのは、あくまで信心決定が前提であって、密教が説く即身成仏とは異なることを注意しなければならない（『現代の聖典　親鸞書簡集　全四十三通』、『親鸞聖人御消息講読』）。

＊1　「……それ真実の教をあかさば、すなわち『大無量寿経』これなり」（親鸞『教行信証』教巻冒頭）。

信心を得た人は必ず浄土に往生することが定まったのですから、この世においてすでに、最高位の菩薩の位にあるのです。『大無量寿経』には、阿弥陀の摂取不捨の恵みに与った者を正定聚《しょうじょうじゅ》、すなわち往生がまさしく定まり、必ず悟りを開くことができる者と名づけ、また唐の菩提流支《ぼだいるし》が漢訳した『大無量寿経』の異訳『無量寿如来会《むりょうじゅにょらいえ》』には、等正覚《とうしょうがく》、すなわち最高位の菩薩の位にある者と説かれております。正定聚と等正覚と、その呼び名こそは違っていますが、この二つは同じ意味、同じ位を指します。

等正覚という位は、将来は必ず仏になる、つまり現在は菩薩として修行中であるが、将来は必ず如来になることが確定している弥勒菩薩と同じ位です。弥勒と同じく、今生の生を終えた後は最高の悟りに至るのですから、この人々は弥勒同等、つまり弥勒と同じであると説かれているのです。

そうであるからこそ、釈迦は『大無量寿経』で、彼らのことを「今生の生を終えた後は弥勒のごとくなる者である」と仰せになりました。

将来、必ず仏となられる弥勒は現在もすでに仏に近い方であるから、仏教の諸宗派では弥勒仏と言い習わしています。であれば、信心を得、悟りを得た人々は、弥勒と同じ位にあるのですから、仏、すなわち、如来と等しい。

浄土の真実の信心を得た人は、この身こそ浅ましい不浄造悪の身ではあるけれども、心は

すでに仏、つまり如来と等しいのですから、「如来と等しい」といえるのだとお思いくださ
い。
弥勒はすでに最高の悟りに到達しておられ、やがて来るべき暁には必ず仏となってこの世に下り、竜樹の樹の下で三度の法会をひらいて一切衆生を救済される、と説かれております。浄土真実の教えを学ぶ人もこのことをよくよく心得なければなりません。
光明寺の善導和尚が記した『般舟讃《はんじゅさん》』には「信心を得た人はその心、すでに常に浄土に居《こ》す」と記されています。「居す」とは、信心の人の心は常に弥勒の心と同じであるという意味です。これは等正覚《とうしょうがく》、つまり最高の菩薩の位にあるということはすなわち弥勒の位と同じであるから、信心の人は仏つまり如来と等しい、ということなのです。

正嘉元年（一二五七）十月十日　　　　　　　　　　親鸞

性信御房

第二十六通　下野高田在住の直弟子真仏房への返書（二）

高田専修寺を開いたといわれ、正嘉二年（一二五八）五十歳で死去した真仏に宛てた返書。

釈迦が説いた法は八万四千に及ぶというが、その教説は古来、時期と対象によって異なっていると考えられてきた。

この八万四千の教説の中で、『華厳経』は釈迦が悟りを開いた直後、悟りの内容を菩提樹の下で文殊菩薩と普賢菩薩等に説いた教えである。多くの修行をして功徳を積むことを説き、漢訳『華厳経』には六十巻、八十巻、四十巻の三本がある。

『華厳経』は天平八年（七三六）日本に伝えられた。奈良の東大寺は『華厳経』を根本経典とする華厳宗の総本山である。

これは経典の文です。

『華厳経』に記されている「信心歓喜者与諸如来等」というのは、信心を得て喜ぶ人はもろもろの如来と等しい、ということです。如来とは、真理より現れた者、ということ。

もろもろの如来と等しいということは、たとえば次のような『大無量寿経』の中の釈迦のお言葉からも言えます。釈迦は言っておられる。「仏を仰ぎ、信じ、大いに喜ぶ者こそ、わたしのよき親友である」と。

また、諸仏が阿弥陀仏を讃えるようにとお誓いになった阿弥陀如来の第十七願には、

あらゆる世界の数限りない諸仏が、ことごとくわたしの名を褒め讃え、唱えないならば、わたしは決して悟りを開くまい。

と記され、そしてこの誓願が成就したことを記す文には、

弥陀があらゆる仏に褒めたたえられ、このことを弥陀はお喜びになっておられる。

と記されています。

このことを少しでも疑うことがあってはなりません。これらは、信心決定した人は如来と等しいということを、経文を引用して申し述べたのです。

正嘉元年（一二五七）十月十日　　親鸞

真仏御房

第二十七通　遠江の直弟子専信坊への返書（附・専信上書）

遠江の国に住し、親鸞面授の弟子専信の問いに答えた返書である。なお専信の手紙も、親鸞の返書に合わせて今日に伝えられている。

彼は建長七年（一二五五）『教行信証』を書写し（高田専修寺本）、また同じ年、親鸞の寿像を絵師朝円法眼《ちょうえんほうげん》に描かせた。

この寿像は「安城の御影」と呼ばれて国宝。『親鸞聖人正統伝』によると、専信は親鸞の臨終に侍し、親鸞の頭髪を剃ったという。

なお、本書第十二通、第十九通の解説参照。

（専心上書）

或る人が申しますのに、

「私どもの浄土往生が定まるのは、信心が起きる時であり、信心が起きた者の心身はいかなる者をも照らし給う弥陀仏慈悲の光に全員が等しく摂取され且つ護られるのであるから、起こした信心に違いがある筈はない。信心はすべて同一であり、このことに不審はない。したがって事は簡明であるのに、事新しく複雑に考えて、信じるとは何を信じるのか、信じないとは何を信じないのか、などと質したり論じ合ったりするべきではない。そうであるからこそ他力なのであり、自分であれこれ分別することをしないのである。つまり『義なきを義とする』のであって、われらはみな、無明の闇の中におり煩悩に覆われているばかりなのだ」

と言っております。

このことについてどうお考えでしょうか。謹んでお尋ねいたします。

十一月一日

専心上《せんしんたてまつる》

（親鸞聖人の御返事）

お尋ねくださいました浄土往生の源泉について申し上げます。

真実の信心を得たとき弥陀仏摂取不捨の御誓いに与るのだということですが、「その信心を行者が起こしたならば必ず必ず浄土に往生させる」、という御誓いが弥陀仏四十八の悲願のなかに見えます。

弥陀は第十一願で、

「もしわれ仏を得たらんも、国中の人天《にんてん》、定聚《じょうじゅ》に住し、必ず滅度《めつど》にいたらずば、正覚《しょうがく》を取らじ」

すなわち、「もしわたしが仏になるとしても、わたしの国に住む人間や天人が必ず成仏して輪廻転生を繰り返すことのない、正しい悟りの世界に至ることができないならば、わたしは決して仏になるまい」、とお誓いになりました

信心の人は必ず成仏することが既に定まっていると思し召したならば、そこにはもはや行者《ぎょうじゃ》の計らいはありません。それゆえ他力と申しますのは「義なきを義とす」るのです。善も悪も、浄も穢も、その一切に対して行者自身はあれこれ計らわない身にお成りになりましたからこそ、「義なきを義とす」というのです。

弥陀は第十七願[*1]で「諸々の仏に我が名を讃えさせよう」と御誓いになり、第十八願[*2]では

「その信心が真実のものであるならば、一切衆生をわたしの浄土に生まれさせよう。もし彼ら衆生が生まれることができないならば、わたしは仏になるまい」と御誓いになりました。第十七、第十八願がみな真ならば、先に記しました「衆生が輪廻転生の世界を脱し、浄土往生して正しい悟りの世界に住する」ことを誓われた第十一願が空しいはずはありません。信心を得た人は、次に生まれ変わったときは未来において仏となることが確定している未来仏・弥勒菩薩と同じ位にいるのですから、摂取不捨つまり弥陀に摂取されて決して捨てられない、このことが確定しているのです。

したがって他力と申しますことにおいては、行者の計らいは塵ほども入ることがありません。

ゆえに「義なきを義とす」というのです。

この他には申し上げることはありません。

唯み仏に委ねなさい、と大師法然聖人のみ言葉でありました。

十一月十八日　　　　　　　　　　　　　親　鸞

専心御坊　御報《ごほう》

＊1　第十七願（諸仏称名の願）
たとひわれ仏《ぶつ》を得《え》たらんに、十方世界《じっぽうせかい》の無量《むりょう》の諸仏《しょぶつ》、ことごとく咨嗟《ししゃ》して、わが名《な》を称《しょう》せずは、正覚《しょうがく》を取《と》らじ。

（試訳）たとえわたしが悟りを得た（＝仏となる）としても、あらゆる世界のあらゆる諸仏（悟りを得た人々）が悉くわたしの名を褒めたたえないならば、わたしは正しい悟りにいたることは決してしまい。

＊2　第十八願（念仏往生の願）
たとひわれ仏《ぶつ》を得《え》たらんに、十方《じっぽう》の衆生《しゅじょう》、至心信楽《ししんしんぎょう》してわが国《くに》に生《しょう》ぜんと欲《おも》ひて、乃至十念《ないしじゅうねん》せん。もし生《しょう》ぜずは、正覚《しょうがく》を取らじ。ただ五逆《ごぎゃく》と誹謗正法《ひほうしょうぼう》とをば除《のぞ》く。

（試訳）たとえわたしが悟りを得た（＝仏となる）としても、あらゆる世界のあらゆる人々が、疑心なき真実の心でわたしの国浄土に生まれたいと願い、弥陀仏助け給えとわずか十度称えたとして、それでもなおわたしの国に生まれないならば、わたしは正しい悟りに達することは決してしまい。ただし、五逆罪を犯した者と仏の教えを誹謗する者は、この願から除く。

第二十八通　下野高田在住の直弟子真仏房への返書（三）

この手紙に宛名は記されていない。しかし本願寺蔵『御消息集』には「真仏御坊御返事」となっており、真仏房に宛てられたものか、といわれている。

書簡中、「銭二十貫文」の礼が述べられているが、これは非常な大金で、霊山勝海師の調査（『末燈鈔講讃』二四一頁）によれば、江戸時代の物価で計算してみると主君が家臣十一人強に与える年間給与に相当するという。また『現代の聖典　親鸞書簡集　全四十三通』によると、現在のおよそ一二〇万円に当たっている。

かかる大金が何のために送られたか詳細は不明である。親鸞の『西方指南抄』を下付されたことに対する謝礼であったか、ともいう（霊山勝海『末燈鈔講讃』他）。

また平松令三氏は、この「銭二十貫文」というのは親鸞への個人的懇志とするにはその範囲を越えてあまりに大金であり、これは上級勧進聖としての親鸞の得分であったのではないかという（『親鸞』「親鸞の経済生活」）。なおこのことに関しては本書第三通の解説参照。

ちなみに、送られてきた金子の礼を記した親鸞の手紙には、この他に本書の第三通（二百文）、第十一通（五貫文）、第十九通（三百文）がある。

他力の中にも自力ということはあると聞きました。しかし、他力の中にさらに他力があるということは聞いたことがありません。他力の中の自力というのは、専修念仏に生きるのではなく、念仏以外のさまざまな行を助業《じょごう》として行ったり、雑念を追い払いそこに精神を凝らして行う自力の念仏が、他力の中の自力の人々なのです。

他力の中にまた他力があるということは承っておりません。

遠江の専信房[*1]がしばらく京都に滞在されるということですから、何ごとにつけましてもお会いしたときにお話いたしましょう。あなかしこあなかしこ。

銭二十貫文を確かに確かに頂戴いたしました。

あなかしこあなかしこ。

十一月二十五日　　　親　鸞

*1　第二十七通参照。

第二十九通　随信房[*1]への返書

「臨終来迎[*2]」を期待することが重要か否かという随信房の疑義に答えた手紙である。これについては、「現世正定聚[*3]」が親鸞の中心的信仰であるから、手紙でもこの信仰が説かれている。

＊1　随信房は『交名牒』によると常陸の国の人らしいが詳細不明。
＊2　「臨終来迎」の信仰をどう考えるかについては、親鸞は本書第二通「関東の門弟の疑義に答えた返書」で詳しく説いている。
＊3　「現世正定聚」については本書第二十四通、第二十五通の手紙、および解説参照。

お尋ねのことについて申し上げます。

阿弥陀仏が振り向けてくださる他力の誓願に遭遇し、そこでまことの信心を頂いて歓喜する心が定まる時、私たちは御誓願に摂取されて捨てられることのない身となるのですから、その金剛石のように堅固な信心を頂く時を正定聚《しょうじょうじゅ》、つまり、「必ず仏となることが定まった仲間たちの世界に置かれる」、ともいうのです。「弥勒菩薩[*1]と同じ位に置かれる」、とも説かれています。

弥勒菩薩と同じ位になるのですから、まことの信心を得た人を仏と等しい、とも申すのです。

また諸仏はまことの信心を得て歓喜する人を心から喜ばれて、「我と等しき者なり」と説いておられます。

また釈尊のみ言葉を記した『大無量寿経』で釈尊は、

「仏を仰ぎ見、信じて大いに喜ぶ者は、すなわち、わたしの親友である」

とお喜びになっておられますから、やはり、信心を得た人は諸仏と等しいと釈尊も説いておられるのでしょう。

また釈尊滅後の未来仏である弥勒菩薩は、現在は兜率天《とそってん》に住して修行しておられますが、やがて仏となってこの世に下生し、衆生を救うことが決定しておられるのですから、弥勒仏とも申し上げるのです。

したがって、すでに他力の信心が決定して往生することが確定している人々は弥勒と同じであり、また仏と等しいとも言うのでありましょう。

これらに関しまして、お疑いがあってはなりません。

同じ信心の御同行の方々の中には、

「臨終の来迎をお待ちして」

と言っている方もあるようですが、わたくしにはどうしようもありません。ただし、まことの信心を頂いておられる方は阿弥陀仏御誓願のお蔭を頂いている上に、「摂取して決して捨てず」、と弥陀は仰せになっておられるのですから、来迎・臨終を待つ必要はないとわたくしは思います。

もしも未だ信心が定まっていないのであれば、臨終に際して弥陀の来迎をお待ちになるとよいでしょう。

このお手紙をくださったあなたのお名前ですが、今後は随信房と名乗られましたらよろしいかと思います。

お手紙の内容、たいへんめでたく、結構に存じました。

「臨終来迎をお待ちして」という御同行の方々の仰せられますことには納得がいきません。それに対して、わたくしはどうすることもできません。あなかしこあなかしこ。

十一月二十六日
親鸞

随信御房

＊1　弥勒菩薩については本書第二十五通の解説参照。

第三十通　常陸の国北部の直弟子慶西坊[*1]への返書

比較的短い中に、第十七願、十八願、二十二願[*2]、そして「義なきを義とす」るという信仰の核心が説かれている返書である。

阿弥陀仏四十八誓願のなかの第十七願、第十八願については本書第二十七通本文の注＊1、＊2参照。

＊1　慶西坊は『交名牒』によると常陸国北郡在住の親鸞直弟子。

＊2　第二十二願（還相廻向の願）

たとひわれ仏を得たらんに、他方仏土の諸菩薩衆、わが国に来生《らいしょう》して、究竟《くきょう》してかならず一《いっ》生補処《しょうふしょ》に至らん。その本願の自在の所化《しょけ》、衆生のためのゆゑに、弘誓《ぐぜい》の鎧を被て、徳本を積累し、一切を度脱し、諸仏の国に遊んで、菩薩の行を修し、十方の諸仏如来を供養し、恒沙無量の衆生を開化《かいけ》して無上正真の道《どう》を立《りゅう》せしめんをば除く。常倫に超出し、諸地の行現前し、普賢の徳を修習せん。もししからずは、正覚を取らじ。

（試訳）わたしが悟りを得た（＝仏となる）時、わたしの国である西方浄土以外の種々の仏国土に生まれた菩薩たちであっても、もしわたしの国浄土に来るならば、必ず次の世に仏となるであろう。

ただし、かねてからその菩薩が、

「何ものにも邪魔されずに衆生を自在に救いたい」

と願っていて、その広大な誓いを鎧にまとって功徳を重ね、徳を積み、一切の煩悩から解脱して諸仏の国に遊び、菩薩の修行を修め、十方の諸仏如来を供養し、しかして

「無数あらゆる人々の心を開いて最高の正しい道に彼らを立たせよう」

と願っているならば、この限りではない。最高位の菩薩は普通一般の人より遥か抜きん出て優れており、自利利他の修行が備わっていて、普賢菩薩が立てた誓いの徳を踏み行うであろう。もしもそうでなければ、わたしは正しい悟りに至ることは決してしまい。

阿弥陀仏四十八願中の第十七願を、諸仏が阿弥陀仏の名を褒めたたえるようにと願う

「諸仏称名《しょぶつしょうみょう》の願」あるいは

「諸仏咨嗟《しょぶつしさ》の願」

と申しますのは、この願が、阿弥陀仏の御誓いが成就したことをもろもろの仏たちが讃嘆しますようにという御誓願であるからです。

なぜこの御誓願があるかと申しますと、すべての衆生に弥陀の救いを勧めるためであると

聞いております。弥陀の誓願成就を諸仏も讃嘆していることを示し証して、弥陀の救いに対する衆生の疑心を無くすためだと聞いております。

弥陀の御誓願が成就したことについては、『阿弥陀経』の中であらゆる世界の仏たちがことごとく証明しておられます。つまるところこの御誓いは、阿弥陀仏がわたくしたちを救おうと手立てをお尽くしになる、その御心から発した御誓願であるとお信じください。

また念仏往生の願である第十八願こそは、阿弥陀如来がご自身の功徳をわたくしたち衆生に振り向け、わたくしたちが浄土へ往生できるようにしてくださった源の願であると経典に見えております。

真実の信心がある人は、やがてこの世に下生して悟りを開き釈尊亡きあとの衆生を救済される弥勒菩薩に等しいのですから、この人々のことを「如来に等し」、「弥勒同等」と諸仏はお褒めになったのだと聞いております。

また弥陀の本願を信じた上は、「義なきを義とす」、つまり「自分であれこれ分別することから離れるのを本義とする」、と法然聖人は仰せられました。このお言葉が示すように、自分の分別心が働いている限りは他力ではなく自力であると伺っております。

また他力と申しますのは、仏の智慧がわたくしたちの考えを超えたものであり、煩悩具足の凡夫であるわたくしたちがこの上ない悟りを得させていただくのは、弥陀仏と釈迦仏御二《おんに》仏《ぶつ》の御計らいであって念仏行者の計らいなどでは全く無い、ということです。したがって「義なきを義とす」と言うのです。義とは自力の人の計らいを言います。したがって他力においては「義なきを義とす」と言うのです。

あなたがお手紙で申し越してこられた方々のお言葉の内容は、わたくしにはまったく心当たりのないことですので何とも申し上げようがありません。

また来迎の「来」という文字は、弥陀が衆生の利益のためにこの世に「来たる」という意味です。これはわたくしたちをお救いくださるための手立てとしての弥陀の御働きなのです。そしてわたくしたち自身が浄土に往生して悟りを開いた後は、この「来」の字は、未だ生死の海に彷徨い苦しんでいる世の人々を助けるために再びこの穢土《えど》へ「還《か》える」とも訓《よ》みます。時に応じて「来《き》たる」とも「還《か》える」とも訓むと浄土の法文に説かれております。

何ごとも何ごともまた別の機会に申し上げます。

二月二十五日　　　　　　　　　　　　　　　　　親　鸞

慶西《きょうさい》御坊　御返事

第三十一通　直弟子浄信房[*1]への返書（一）（附・浄信上書）

この手紙は、親鸞帰洛後の門弟・浄信の問いに対する返事として書かれたもの。善性本『御消息集』には浄信の上書も記されており、種々の『親鸞書簡集』は、親鸞の返書を記す前に浄信の上書を記している。

上書に記された浄信の問いは、親鸞における浄土信仰の核心の一つ「現世正定聚《げんせしょうじょうじゅ》」についてのものであった。この問いに答えるとともに、親鸞は「義なきを義とす」という絶対他力の信仰を詳細に教えている。

なお、『阿弥陀経』は浄土三部経の一つで、三部経の中では最も短い。別名『小経』。鳩摩羅什《くまらじゅう》が五世紀に漢訳した。経典名はサンスクリット語で『極楽の荘厳』といい、その名のごとく、阿弥陀仏の浄土の荘厳を説いてその徳を讃え、浄土に生まれるために一心に念仏することを勧めている。そして念仏によって浄土に往生することができることを、六方恒沙の諸仏が真実であることを証し、念仏行者たちはこの諸仏によって護持されていると説く。

＊1　浄信の詳細は不明だが、質問の内容からみて、親鸞面授の直弟子で、東国在住の高田系の

人か、といわれている。

（浄信の上書）

「無碍光如来《むげこうにょらい》の慈悲の光明に摂取されるのであるから、如来の名号を唱えつつ、我らはもはや退転することのない境地に定まる」

と聞いております。したがってわたくし自身のために、改めて

「名号を称えるすべての人を摂取して捨てるようなことは決してしないと誓われた如来は、このわたくし浄信という人間をも見捨てるようなことは決してないと信じてよいかどうか」

などと、お尋ねする必要はないと思われます。

その上、『華厳経』には

「このみ教えを聞いて歓喜し信じて疑う心のない者は、速やかに無上の悟りに与り諸々の如来と等しくなる」

と説かれております。

また阿弥陀如来四十八願中の第十七願[*1]では、

「たとえわたしが仏になっても、十方世界の無数の諸仏がことごとく口を揃えてわたしの名を褒め讃えないならば、決して悟りを得ることはしまい」

とあって、あらゆる世界の無数の諸仏に弥陀の名が褒め讃えられるようにしようと誓われました。そしてこの第十七願の願成就文には
「十方恒沙の諸仏如来、みな共に無量寿仏の御稜功徳の不可思議なることを讃嘆し給う」

つまり、ガンジス川の砂の数ほど数え切れない多数の諸仏に阿弥陀如来が褒め讃えられておられる、とあります。そして諸仏に褒め讃えられる人とは、阿弥陀仏御一仏だけではなく、同時に信心の人でもあると理解しておりますが、するとこの人は、すなわち、この世にあってすでに如来と等しいのだと思います。

この他には、凡夫の賢しらな計らいを交える必要はありません。

わたくしは以上のように聞いておりますが、これらのことについて、詳しくお教えいただきたく思います。

恐々謹言。

二月十二日　　　　浄信

（親鸞聖人のお返事）

往生は何事も何事もわれら凡夫の計らいによって成し遂げるものではありません。如来の御誓いによって我らは往生に与ることができるのですから、まったく他力によるのです。あれこれと計らう、可笑しく思います。

真理より現れた御方である如来の誓願を信じる心が定まる時というのは、摂取不捨の恵みに与るのですから、もはや退転することのない境地に至るのだとお心得になってください。真実の信心が定まるというのも、金剛のように堅固な信心が定まるというのも、摂取不捨のお誓いがあるからなのです。

さればこそ、この上ない最高の悟りにいたる心が起こるのだと言うのです。これをもはや退転することのない境地、つまり不退の境地に入るとも、往生が正しく定まり必ず悟りを開くことが出来る人々の群れに加わる、つまり正定聚の境地に入るともいい、さらに真実信心の人は菩薩の中の最高位の位にまします弥勒と同じ境地に入っているのだ、とも申します。

またこのような心が定まるのを、あらゆる世界の諸仏は喜ばれ、諸仏のお心に等しいとお褒めになります。このことゆえに、まことの信心に至った人を諸仏に等しいとも、また、やがて来たる世には仏となって釈迦如来亡きあとの世界を救う弥勒菩薩と同じであるとも言うのです。

このように諸仏は、この世においてすでに真実信心の人をお護りになっているのですから、『阿弥陀経』には十方の数限りない諸仏が念仏の行者をお護りになると説かれております。安楽世界である浄土に往生してから護ってくださるというのではありません。この娑婆世界にいる間に護ってくださる、というのです。また、信心がまことである人の心を十方世界の数限りない如来が称讃されるのですから、その人を仏と等しいと言うのです。

また他力とは、「義なきを義とす」ということです。義というのは行者がそれぞれ自分の思慮分別で思い計ろうとすること。しかし、如来の誓願はわれら人間の思慮分別では計り知ることのできない不可思議の奥義で、ただ仏と仏の間の計らいなのです。凡夫の計らうところではありません。

弥勒菩薩は現在、兜率天《とそつてん》の内院《ないいん》に住して五十六億七千万年後にこの世に下生《げしょう》し、釈尊と同じく成道《じょうどう》して仏となり、説法によって釈尊の教化に洩れた衆生を救う方でありますが、今は兜率天の内院におられるこの弥勒菩薩をはじめとして人間の思惑分別を遥かに超えた仏たちの智慧を、あれこれ計り知ることができる人はいないのです。

でありますから、如来の誓願は「義なきを義とす」、われらの思慮分別であれこれ忖度したりしないことが肝要である、と大師法然聖人の仰せでありました。このことの他には往生に必要なことは何もありません。そう心得ていらっしゃれば、他の人があれこれいうことは無用なものになります。諸事恐々謹言。

親鸞

（別筆押紙）

浄信房お返事

＊1　第十七願は本書第二十七通本文の注＊1参照。

第三十二通　東国の門弟への返書

安楽浄土、念仏往生の願、二種廻向等のことが記されたこの手紙は、高田派専修寺所蔵本に「二月二十五日　親鸞　浄信御坊御返事」となっており、浄信房（本書第三十一通参照）に宛てたものかといわれている。

なお、阿弥陀仏の浄土は「西方浄土」「極楽浄土」「安楽浄土」「真仏土《しんぶつど》」「化身土《けしんど》」等、さまざまに称されているが、親鸞はその著作において「安楽浄土」「極楽浄土」というように感覚的に浄土を表現することが少なく、単に「浄土」あるいは「真仏土」「化身土」というようにより多く抽象的な表現をとっているという。

一体に親鸞の著作には感覚的言語が少なく、親鸞は日常的世界よりも観念的世界に生きていた人と思われる（頼住光子）。

心を楽しく安らかにさせる阿弥陀仏の国土である安楽浄土に往生を遂げると、即座に大涅槃、つまり煩悩の火が消えて智慧が完成した境地に至るとも、また無上覚、つまりこの上なき最高の悟りに至るとも、また滅度、つまり生死の苦を滅して悟りの世界に渡るとも、申します。

大涅槃、無上覚、滅度、というように名称こそ異なっているようですが、これらはみな、法身、つまり色や形を超えた絶対の真理そのものである仏の悟りの御姿を示す言葉です。

阿弥陀仏が真理を悟られたのは、阿弥陀が仏になる以前、法蔵菩薩の姿をとってこの世に現れ、四十八の誓願を誓ってことごとく成就したことに因っています。そして弥陀仏はわれわれに誓願の成果を差し与えてくださいました。

すなわち、法蔵菩薩四十八のご誓願は聞き入れられ、法蔵菩薩は阿弥陀仏となってそのご誓願の成果をわれわれに廻し向け、こうしてわれらも浄土に往くことが叶う身となったのです。このことを往相廻向《おうそうえこう》と申します。そして阿弥陀仏のすでに成就しているこの御誓願を、ひたすら信じて二心のないことを一向専修《いっこうせんじゅ》といっております。

阿弥陀如来の廻向にはこのような往相廻向《おうそうえこう》とさらに還相廻向《げんそうえこう》との二つの廻向がありますが、阿弥陀仏によるこの二種の廻向の願を堅く信じて疑うことの無いことが真実の信心というのです。

往相廻向とは、われら衆生が浄土に往生して悟りを開くよう、阿弥陀仏がご自身の誓願の力をわれらに振り向けてくださったこと。

また還相廻向とは、往相廻向によって浄土往生した者が再びこの世に還帰して衆生を教化し、浄土に向かわせようと願うこと。

そしてこの二つの廻向を堅く信じる真実の信心が起こるのは、自分の力によってではなく、釈迦・弥陀二尊の御計らいによることを知らなければなりません。あなかしこあなかしこ。

第三十三通　直弟子浄信房への返書（二）

本書第三十一通、（第三十二通もか）に続いて、親鸞面授の直弟子浄信房に宛てた返書である。親鸞は浄信の問いに答えて教えを説き聞かせるとともに、弥陀の誓願に委ねた以上、とかく個々人の計らいがあってはならないことを教えている。

お手紙、詳しく拝見いたしました。

さてみ教えについての疑問を述べられる中に、

「一念発起して信じる心が起こるとき、あらゆる人を摂取する阿弥陀の救いの光に護られるのであるから、常に、浄土往生の因果は決定している」

と仰せられています。

それはご立派です。しかしご立派ではありますが、それはすべてご自分の計らいであるように思います。

弥陀の本願を人間の思慮分別を超えた奥義とお信じになりましたからには、煩わしい計らいがあってはなりません。

またどなたかがあなたに、

「浄土を願う心は深くとも、その因となる念仏が少ないようでは心もとない」

と言われたそうですが、心得がたいことです。浄土を願う心も、その因としての念仏を称えるということも、みな一つのことです。

すべてこれらは余計な計らいごとと思われます。仏の智慧はわれら人間の思いの及ばぬものだとお信じになりましたならば、その他の煩わしいとかくの穿鑿があってはなりません。人がとやかく言ったからといって、心を動かされることはないのです。

ただただ如来の誓願にお任せになってください。

とかくの計らいがあってはなりません。あなかしこあなかしこ。

五月五日　　　　　　　　　　　　　　　　　　　　親　鸞

浄信御房へ

他力とは、とかくの計らいのないことを申します。

第三十四通　教養房[*1]への返書

阿弥陀仏の誓願と名号（なむあみだぶつ）との区別を尋ねてきた教養房への返書。

本書第三十一通や第三十三通の手紙にもあったように、「義なきを義とす」る、個々人のとかくの計らいをしない、という浄土信仰の核心を述べている。

先の浄信房への返書、そしてこの教養房への返書、また次の第三十五通「有阿弥陀仏《うあみだぶつ》への返書」等、比較的短い手紙が続くが、同朋からの質疑に対する親鸞の返答という、手紙の往還が日常的に行われていたのである。

＊1　教養房は常陸の国笠間に住し、俗名は稲田九郎頼重（『交名牒』）。

お手紙、詳しく拝見いたしました。しかしお尋ねくださいましたご不審のことにつきましては、もっともなことだとは思えないのです。

その訳は、誓願といい、名号といっても、この二つは別のことではないからです。誓願を離れた名号はなく、名号を離れた誓願もありません。

否、かく申し上げること自体、すでに私どもの計らいです。

ただ誓願を不思議と信じ、また名号を不思議と信じて、一念これを信じて称えたからにはどうしてみずからの計らいを差し挟むことがありましょうか。

誓願と名号の違いを聞き分けたいとか、この二つをよく知った上で区分けしたいなど、煩わしいことをどうして仰せられるのですか。

そうしたことはみな、間違ったことであります。阿弥陀仏の誓願はわたくしたちの思度をこえたものであると信じた以上は、とかくの計らいをなすべきではありません。往生は、「わたくしの計らい」があって遂げることの出来るものではないのです。あなかしこあなかしこ。

ただただ、如来にお任せ申し上げてください。あなかしこあなかしこ。

五月五日　親鸞

教養の御房へ

この手紙を人々にも見せていただきたいと思います。他力にあっては、みずからの分別心を離れることを本義とすると申しております。

第三十五通　常陸の国笠間在住の有阿弥陀仏[*1]への返書

有阿弥陀仏《うあみだぶつ》の問いに対し、念仏は弥陀の本願を深く信じるところに発し、本願と念仏、この二つを切り離すことは出来ないと説いた手紙。

『歎異抄』によると、当時東国の同朋の間ではさまざまな異義が生じていたが、「弥陀の誓願と名号とを分けて考えるべきだ」、と主張する人々がいた。この返書が書かれた背景である。教義・信仰をめぐってさまざまに言い合っている東国の同朋たちの姿が彷彿としてくる一通である。

＊1　有阿弥陀仏は常陸国笠間在住の人らしい。詳細不明。

お訊ねになりました念仏についての疑問にお答えいたします。

「念仏によって往生できると信じている人は、仏の智慧を疑い自分の念仏力によって往生しようとしているのだから、浄土の片隅にしか往生できない」
という人がいるとのことですが、このようなことは甚だ納得できません。なぜかと申しますと、弥陀の本願というのは、弥陀仏のみ名を称える者すべてを極楽に迎えようとお誓いになったものであって、このことを深く信じて名号を称えるからこそ素晴らしいことなのです。

たとえ信心があっても名号を称えないというのは、信心の甲斐がないというものです。他方、ひたすら名号を称えても信心が浅ければ、往生は難しいでしょう。

されば、念仏によって往生するのだと深く信じてなお且つ南無阿弥陀仏の名号を称えるならば、疑いなく弥陀が用意してくださった浄土に往生できるのです。

つまりは、たとえ名号を称えても、ただひたすら、往生は弥陀の誓いによってなのだと信じることが大切で、往生は弥陀の本願によってなのだと信じないとするならば、そのお方がおっしゃるように、浄土の片隅にしか往生できないでしょう。

しかしこのこと、つまり、往生は弥陀の誓願に因るのだという本願他力を深く信じる者たちがどうして浄土の片隅にしか往生できないことがあるでしょう。そのようなことは決してありえない。

このことをよくよく思し召されて、お念仏に励んでください。

わたくしは今、すっかり年を取りました。定めし、あなたに先立って往生することでしょう。浄土であなたを必ず必ず、お待ちいたしましょう。あなかしこあなかしこ。

七月十三日

親鸞

有阿弥陀仏御返事

第三十六通　直弟子浄信房の疑義に答える返書（三）

浄信房からの質問に答えた返書で、高田専修寺に真蹟が残る。

この返書で親鸞は、真実の信心を得た念仏者は「如来と等し」い、という信仰の詳細を説いている。「如来と等し」い。これは親鸞における信仰の最も深い基底であり、これを説き起こす親鸞の言葉には、深い慎みが立ち込めている。

真の念仏者は「如来等同」の位にまで高められているという教説は、「社会構造の中で底辺に位置づけられ、抑圧されながら生きる人々にとって、念仏者一人一人の絶対の尊厳性を示す歓喜の表現」（『現代の聖典　親鸞書簡集　全四十三通』）であった。

この歓喜が、苦労多い今日の日を生きてゆく希望と自覚を東国の人々に与え、やがて、彼らが真宗教団としてまとまり結束してゆく力となったのである。

なお、「如来と等し」に関しては本書第二十四通、第二十五通でも「現世正定聚《げんせしょうじょうじゅ》」として親鸞は説いており、解説にも記した。

お尋ねになりましたこと、返す返す感銘いたしました。

真の信心を得た人は、もはや仏となられる御身なのですから、真理より現れた者すなわち如来と等しい人であると『華厳経』に書かれております。

弥勒菩薩はまだ仏になってはおられませんが、釈尊の滅後五十六億七千万年後にこの世に来られ、悟りを開いて釈迦如来の後をお継ぎになる未来仏です。この弥勒菩薩は将来、必ず仏となられるのですから、菩薩とだけではなく、今からすでに仏と申し上げて弥勒仏ともお呼び申し上げております。

また弥勒菩薩をこうして弥勒仏と申し上げるのと同じように、真実の信心を得た人は必ず浄土に往生するのですから、「如来と等しい」と経典には説かれております。

ところで承信房が、

「信心の人を『如来と等しい』とまで言い切るのは、この現世における即身成仏を説く真言宗の宗旨と同様のことになり、浄土の真の教えとそぐわない。煩悩を抱えたままのこの身をどうして『如来と等しい』と言えようか。したがってもし言うのであれば、『真の信心を得た人は、現在は修行中であるが将来は必ず仏となる弥勒とこそ等しいのだ』」

と主張していることは、誤りではありません。

しかしその一方で、自分の力によって得た信心ではなく他力の御働きによって頂いた信心

を喜ぶ、その心は如来と等しい、ということに対して、承信房が、

「それは自力の考えだ」

と批判しておられるのは納得できません。

この点に関しての承信房のお考えには少し行き届かないものがあるように思います。

あなた御自身も、よくよく思案なさってください。

自分の信心を誇って自分は如来と等しいと思うのであれば、それはまことに誤った考えでありましょう。自分の力で得た信心だと誤り考えて、わが身は如来と等しいと思うのであればまことに間違ったことです。

しかし、浄信房、あなたはご自分の信心を他力によって得たものだと喜び感謝しておられます。それがどうして自力を誇ることになるでしょう。あなたご自身、どうかよくよくお考えになってください。

なお、これらのことにつきましては、お国から来られた方々に詳しくお話いたしました。承信房がこの方々をお訪ねしてわたくしがお話いたしましたことを聴いて欲しいと思います。わたくしの話を聴いたこの方々が、なぜ「如来と等しい」のか、承信房にお話くださると思います。あなかしこ。

十月二十一日　　　　親鸞

浄信御房御返事

第三十七通　下野高田在住の慶信坊の問いに答える手紙

（附・慶信上書並びに蓮位添え書き）

この手紙は

「慶信《きょうしん》の質問状」

「慶信の質問追伸文」

「親鸞の返事」

「親鸞の晩年に常随給侍《じょうずいきゅうじ》した直弟子蓮位《れんい》の添え状」

の四つの構造から成っている。

慶信は親鸞宛に直接手紙を出さず、傍らにいる蓮位を通して親鸞に聞いてもらおうとしたのである。なお、親鸞は質問を記した慶信の手紙のなかの誤字等を直して、彼に返し与えたことを返書は記している。

また慶信の父・覚信房[*1]は下野高田の人で、上洛の途上に発病。同行の人々は郷里に引き返すことを勧めたが、覚信は「どうせ死ぬのであれば京都の聖人の許で」といって京都に辿り着き、その望みどおりに親鸞の許で息を引き取った（蓮位の「添え状」参照）。またこの場面を覚如は『口伝鈔』で記している。

なお前述したように（第十四通本文の注＊2）、第十二願で誓われている「光」とは宇宙万有の営みそのもの、宇宙に遍満している一切衆生救済の働き、を仮に名づけて「阿弥陀仏」といい「阿弥陀仏の光」というのであって、通常いうところの「光」ではない。

第十三願で誓われている「寿命無量の願」とは阿弥陀仏の永遠性を述べたものであろう。

＊1　本書第十九通は覚信房への親鸞の返書である。

（慶信上書）


謹んで申し上げます。

『大無量寿経』には「信心を得てよろこぶ」とあります。わが師の御房（親鸞聖人）が『華厳経』に依って撰述されました『浄土和讃』にも、『華厳経』の文を引いて、

「信心よろこぶその人を、如来と等しと説き給う。大信心は仏性なり。仏性即ち如来なり」

と仰せられています。

でありますのに、専修念仏の行者の中にも誤解している人がいるのでしょうか、

「信心を喜ぶ人は如来と等しいのだ、というのは自力の考えである。この身このままで仏になると説く真言の教えに類似している」

などという人がおります。人のことでございますから詳しいことは存じませんが、このように申しております。また同じ『浄土和讃』のなかでわが師の御房は、

「真実信心うる人は、即ち定聚のかずに入る、不退の位に入りぬれば、必ず滅度をさとらしむ」

(真実の信心を得た時、その人は往生成仏が決定したのである。もはやそこから退くことはなく、必ず、仏と同じ悟りを得させて頂くのである)

と仰せになっておられます。

ここで仰せられています
「もはやそこから退くことはなく、必ず仏と同じ悟りを得させて頂く」

とありますのは、この度この身の命を終える時、真実の信心を起こした行者の心は、弥陀が用意された浄土に至り、限りない命を頂いて無限の光明を身に帯び、光輝く如来の悟りと同一になる、ということだと思います。したがってわが師の御房は「大信心は仏性なり。仏性即ち如来なり」と仰せられたのだと存じます。

そしてこれは阿弥陀如来四十八願の中の、

「たとえわたしが仏になったとしても、世界中の人々が真実の悟りに至り、生死の苦を滅して輪廻を繰り返すことのない悟りの境地に至ることがないならば、わたしは決して正しい悟りを得ることはしまい」

という第十一願。[*1] また

「たとえわたしが仏になったとしても、光明に限度があって、百千億以上ある諸仏の国を照らさないならば、わたしは決して正しい悟りを得ることはしまい」

という第十二願。[*2] また

「たとえわたしが仏になったとしても、寿命に限界があって、百千億劫という無限の寿命を得ないならば、わたしは決して正しい悟りを得ることはしまい」

という第十三願。[*3]

の三つの誓願に誓われていることだと思います。

阿弥陀仏が罪悪深重《ざいあくじんじゅう》のわれらのために起こしてくださいましたこの大慈大悲の御誓いの有難さ、心に染み入るうれしさは、何にも例えようがありません。永遠の昔より今に至るまで、世々に亘って数限りない諸仏が出現され、わたくしはその御許に馳せ寄って悟りを求める心を起こして参りましたが、自力を恃みとする以上、何事もかないませんでした。そのようなわたくしが今、釈迦と弥陀、二尊の御手立てに導かれて、念仏以外の諸々の雑行雑修《ぞうぎょうざっしゅ》を積むという自力を恃む心が無くなり、弥陀仏の御誓願を疑う心もなくなりました。何ものにも妨げられず我らを照らし救ってくださる無碍光阿弥陀如来の摂取不捨の御あわれみによって、疑う心はなくなりました。よろこびに溢れ、ただ一声の念仏によっても浄土へ往生できるとは、まことに弥陀の御誓願はわれら人間の思度を遥かに越えたものであると思わずにはいられません。

そしてこう心得てみますと、何十回読んでも、聞いても、飽きるということのない浄土のみ教えも、また善き師に出会いたいと願う心を起こして頂いたことも、あらゆる衆生を救いとって決して見捨てないという摂取不捨のみ教えも、信心も念仏も、その総てがみな、わたくし一人のためであったと思われるのです。

わが師親鸞聖人御房のみ教えに導かれたわたくしは、以来この方、弥陀仏の御誓願の心を知り、浄土往生のための直道《じきどう》を見出すことができました。そしてこの直道を歩んで弥陀が用意してくださった真実の国に往生することが、ただ一度弥陀仏のみ名を聞き弥陀仏のみ名を称えるだけで叶うとは、そのうれしさ、師恩の至りであります。

さらに『弥陀経義集』に書かれていることもおぼろげながら分かってまいりました。そうでありますのに、世事の慌しさに紛れてひと時、二時、三時と念仏を怠ることもあります。しかし、それでも昼夜忘れることなく、阿弥陀仏の御慈悲を頂く喜びが力となって、行住坐臥、時と所との不浄をも憚らず、ひたすら金剛石のように堅固な信心を抱いて、仏恩の深さ師の恩徳のうれしさに報いたいと、ただただ阿弥陀仏のみ名を称えるばかりでございますが、しかしそれを日々の日課としているわけではありません。

このようなことは間違いでしょうか。

念仏往生。これ以上の生涯の大事はなく、どうか詳しく仰せを頂きたく、いささか思うところを書き認めました。

思えば、京都に久しく滞在いたしましたのに、ただ忙しいだけで落ち着いて過ごせなかったことが嘆かれます。この度は何とかして上京し、心落ち着いてせめて五日でもお側に参上したいと願っております。

こうまで申しますのもご恩のしからしめるところでございます。

聖人の御許へ進上いたします。蓮位御房、よしなに申し上げてください。

十月十日　　　　　　　　　　　　　　慶信上（花押）

（慶信追伸）

追って申し上げます。

念仏を称える人々の中には、南無阿弥陀仏と称える隙々に、無碍光如来、と称える人もおります。これを聞いたある人が、「南無阿弥陀仏と称えた上に帰命十方無碍光如来と称えることは畏れ多いことだ。今さらといった感じでよくない」と言ったそうです。このようなことはどう考えればよいでしょうか。

(聖人の御返事)

「南無阿弥陀仏と称えた上で、さらに無碍光如来とお称えするのはよくない」と言うのこそ、甚だしい間違いであると思います。帰命とは南無の意です。無碍光仏とは光明のお姿であり、その本体は智慧です。そしてこの智慧は即ち阿弥陀仏にほかなりません。人々に阿弥陀仏のお姿を知らせなければ、私たちは誰も皆知らないので、そのお姿をはっきり知らせようとして世親菩薩は御力を尽くして帰命十方無碍光如来《きみょうじっぽうむげこうにょらい》と表されたのです。

なお、この他のことについては少々文字を直しておきました。

(蓮位添え状)

お手紙の趣きを詳しく聖人に申し上げました。「すべてこの御文の趣きに間違いはない」と仰せられました。ただし、「一度の念仏で往生は定まるのであり、阿弥陀仏の誓願は人間の思度を越えた不思議であると思う」と書き記されたところには、「よいようではあるが、一度の念仏に止まるところが悪い」と仰せられ、お手紙の脇に御自筆でよくない旨をお書入れになりました。

実はわたくし蓮位に、「こう書き入れなさい」と仰せられたのですが、聖人の御自筆はあなたには何よりの拠り所となるに違いないと思いましたので、この日頃咳病を患っておられるのですが御自筆をお願いしたのです。

また、この度上洛した人々から、お国許では「弥勒と等しい」という人々がいる由を聞きました。そこでこれに関しまして、聖人がかねて記し置かれた御文の控えがありますので、書き写してお送りいたします。どうぞご覧になってください。

またこの弥勒と等しいということに関しましては、弥勒は仏に次ぐ最高位の菩薩の位にあって、やがて仏となるために現在は修行しておられる方です。これを喩えれば十四日あるいは十五日で月は円く満ちますが、ちょうど八日、九日あたりの月がまだ満ちていないような時の姿で、弥勒は今、自力を恃んで修行しておられるのです。

わたしたちは愚かな凡夫ではありますが、信心が定まり、必ず浄土に往生して悟りを開くことが決定した位にある者たちです。仏の悟りに次ぐ位についているのです。弥勒は自力、わたしたちは他力。自力他力の違いはありますが、ともにやがては仏の位に着くことでは同じであると言うのに等しい、というのです。

しかしながら、弥勒が優れた悟りの位つまり仏の位に着くことは遠い将来であり、われらが生死の苦を滅して悟りの世界に至るのは速やかでしょう。弥勒が仏の位に着くのは五十六億七千万年後の暁であり、他方、われらが仏の位に着くのは薄い竹の膜を隔てるようなごく僅かな時を待つだけなのです。

弥勒の悟りへの道は漸と頓とに分ける中では頓、すなわち速いほうではありますが、わたしたちの悟りへの道は頓の中でももっとも頓なるもの、すなわち速やかな中でも最も速やかな道なのです。なお、生死の苦を滅して悟りの世界へ渡るということは、優れた悟りに至り仏の位に着くということです。曇鸞大師の『浄土論註』には、

「好堅樹《こうけんじゅ》という樹がある。この樹は地の底に百年間埋もれているが、地表から芽を出して生長するや一日に百丈も生長する」

とあります。この樹が地面の下に百年間埋もれているというのは、われらがこの娑婆世界にありつつもやがて来たるべき悟りの世界に実は住していることを示し、一日に百丈生長する

とは、生死の苦を滅して一挙に悟りの世界に渡り行くことを示しています。曇鸞大師の『論註』はこのことを好堅樹という樹に託して言っており、他力の力というものを樹に託して表しているのです。松が生長するのは一年に一寸にもなりません。この遅々とした生長が、ちょうど自力による修行の姿です。

また信心が決定した行者は真理より現れた者と、つまり如来と等しいとも申しますが、煩悩に取り囲まれたわれら凡夫は仏のみ心から発する光に照らされて信心を得、歓喜し、それによってはじめて、悟りを得ることに決まった人々の一人になるのです。

信心というのは智慧です。そして智慧は他力の光明に摂い取っていただいて初めて獲得できるものなのです。

もちろん、仏の光明も智慧です。であるからこそ、光明も智慧も同じだというのです。すなわちそれは、信心において如来と等しい。

また信心の行者は歓喜地の菩薩にも譬えられますが、何に歓喜するかといえば、信心を歓喜するのです。頂いた信心を歓喜するので、歓喜地の菩薩と同じだというのです。これらのことにつきましてさらに詳しいことは、聖人が御自筆で記されましたものを書き写してお送りいたします。

さらに、南無阿弥陀仏と称え、また無碍光如来と称えることについてのお尋ねにも、聖人御自身の筆でお手紙の余白に詳しくお書きくださいました。それゆえ、あなたから頂きましたお手紙をそのままお返しいたします。

或は阿弥陀といい、あるいは無碍光といって、そのみ名は異なっていますが、その意は一つです。阿弥陀というのは梵語です。漢語では無量寿ともいい無碍光とも申し上げます。梵語と漢語でことばは異なりますが、その意とする所は一つです。

そもそも父上覚信房のこと、殊のほか胸に沁み、尊く思われます。最期まで信心を変えることなく生涯を貫かれました。ご存命中はご信心の在りよう如何かとたびたびお尋ねいたしましたが、その都度、「只今のところ、今までと変わりはありません。むしろいよいよ信心は深まっております」旨のおたよりを頂きました。上洛の途次、お国を出立されて一日市《ひといち》という所まで来られた時に発病されたと承りましたが、同行した方々は国に引き返したほうがよいと勧められたそうですのに、覚信房は、

「この病で死ぬのであれば、国に引き返しても死ぬしここに留まっても死ぬにちがいない。また回復するものならば、帰郷しても回復するしここに留まっても回復するにちがいない。同じことならば親鸞聖人の御許でこそ生涯を終えたいと思って、遂に念願かない、聖人の御許まで辿り着きました」

と物語られたことが思い出されます。

覚信房のこのご信心、まことにめでたく存じます。善導和尚の『観経四帖疏』が記す二河《にが》白道《びゃくどう》の譬えが思い合わされ、ほんとうにめでたくうらやましいことです。京都に来られて間もなく亡くなりましたが、臨終には「南無阿弥陀仏、南無無碍光如来、南無不可思議光如来」と称えられて、手を組んで静かに息を引き取られました。

人に遅れ、人に先立つことは世のならいです。生死の苦の世界を人に先立って離れ悟りの世界に入ったときには、必ず最初人々を救い取りたいという誓いを発し、縁のある人、一族の者、親しい友を導くのでありますから、ご縁を頂いて御父上と同じ浄土の法門にありますわたくし蓮位も、頼もしく思っております。また親となり子となるのも前世の契りあってのことですから、あなたも頼もしく思し召してしかるべしと存じます。

このうるわしさ尊さ、言葉に尽くしがたく思いますので、ここで筆を止めます。これ以上如何にして、わたくしの拙い言葉でこれらうるわしく尊いことを申し上げることができるでしょう。

詳しいことはまた申し上げたいと存じます。

ここに記し認めましたお手紙の内容に間違いがあってはならないと聖人の御前で読み上げましたが、「これ以上の書きようはない。たいへんよろしい」との仰せをいただきました。ことに覚信房のところで聖人は涙をお流しになられました。ほんとうにしみじみとあわれ深くお思いになったのです。

十月二十九日　　蓮位

慶信御坊へ

＊1　第十一願（必至滅度の願）

たとひわれ仏を得たらんに、国中《こくちゅう》の人天《にんでん》、定聚《じょうじゅ》に住し、かならず滅度《めつど》に至らずんば、正覚《しょうがく》を取らじ。

（試訳）わたしが正しい悟りを得て仏となった時、人間や神々が浄土に往生し、必ず煩悩を滅して正しい悟りに至らないようならば、わたし自身、完成した最高の悟りにいたることは決してしまい。

＊2　第十二願（光明無量の願）

たとひわれ仏を得たらんに、光明よく限量ありて、下百千億那由他《しもひゃくせんおくなゆた》の諸仏の国を照らさざるに至らば、正覚を取らじ。

（試訳）わたしが正しい悟りを得て仏となった時、全宇宙を照らすわたしの光に限度があって、数限りなくある諸仏の国を照らすことが出来ないならば、わたしは完成した最高の悟りに至ることは決してしまい。

＊3　第十三願（寿命無量の願）
たとひわれ仏を得たらんに、寿命よく限量ありて、下百千億那由他劫《こう》に至らば、正覚を取らじ。

（試訳）わたしが正しい悟りを得て仏となった時、たとえ下が百千億那由他劫という無限の時間であっても、寿命に限りがあるならば、わたしは完成した最高の悟りにいたることは決してしまい。

第三十八通　高弟顕智の聞き書き（自然法爾章）

「自然法爾《じねんほうに》」章《しょう》として広く知られ、一読、法然および親鸞の信仰の核心を示す法語である。自然法爾とは世界に満ち満ちている、人々をおのずから救いへと導く絶対的な働きをいう。

浄土信仰の核心であるこの法語の現代語訳は非常に難しかった。ここには私訳を試みたが、諸氏の教示を仰ぎたい。

なお、この文が記される次第は次のように推察されている。すなわち、

親鸞の高弟である高田の真仏の弟子で、且つまた女婿でもあった顕智三十三歳が東国から上洛、親鸞にいくつかの疑問点を尋ねた。この「聞き書き」は、それに答えて語った親鸞のことばを顕智が書きとめたものであろう（『史料集成』第一巻四二六頁参照）。顕智は親鸞の臨終に逢い、親鸞没後は親鸞を埋葬した大谷廟堂の維持に尽くした。[*1]

奥書によるとこの法語は、正嘉二年（一二五八）十二月十四日親鸞八十六歳が顕智に語ったもので、ちなみに、法然[*2]のことばを親鸞が収録した『和語灯録』は、

「法爾の道理ということがある。炎は空に舞い上がり、水は下に流れる。果物のなかにもおのずと甘いと思うものもあれば酸っぱいと思うものもある。これらはみな、法爾の道理である。阿弥

陀の本願は名号によって罪悪の衆生をも浄土に導かんというものであれば、ただひたすら念仏を称えるならば、仏の来迎は法爾の道理からして確実である」という法然のことばを伝えている。つまり、「法としてそうなる（爾）ことが、一切のものに与えられている道理である、というのである」（石田瑞磨）。

なお、これに関しては本書第十四通の本文の注＊2「阿弥陀如来以外の仏」参照。

＊1　本書第十九通の解説参照。

＊2　親鸞は法然を還相廻向した仏と考えていた（『高僧和讃』）。

「自然」の「自」はおのずからということ。人間の側の計らいではないのです。「然」とはひとりでにそのようになるということで、人間が計らってそのようになるというのではありません。念仏によって往生するのは、阿弥陀如来の御誓願によって自ずとそうなる、ということなのです。

したがってこれを法爾という。

「法爾」というのは、凡そ人があれこれ思い計らってそうなるのではなく、如来が念仏往生をお誓いになった御誓願ゆえに、すべてが弥陀の御徳によって御誓願のままに、自ずとそのようになるということなのです。これらのことすべては、われら人間がこちらからあれこれ計らってそうなったのではありません。

この故に、「義なきを義とす」つまり

「われらの計らいを離れることを本義とす」

ということを知らなければならないといわれております。自然《じねん》という言葉の本来の意味も、おのずとそうなる、という意味であります。

阿弥陀仏の御誓願は、もとよりわれら人間が計らったことではなくて、阿弥陀仏ご自身が「南無阿弥陀仏」と阿弥陀仏に依り頼む心をわれらの心に起こしてくださり、しかして浄土に迎えとろうとご自身のほうで御計らいになったことなのです。それゆえ、われら自身でこれは善いだろうとかこれは悪いだろうとかと計らわず、一切を仏に任せて自分自身としてはあれこれ計らわないのが自然《じねん》ということであるとわたくしは聞いております。

阿弥陀仏の御誓いの核心は、わたくしたちをこの上なき無上の仏、つまり「悟りの境地に達した者」にさせようというものです。無上の仏には姿も形もありません。そして姿も形もないからこそ万有を支配している真理、すなわち、自然《じねん》というのです。姿や形があるときには、その如来を万有の真理に到達しておられるとは申しません。無上の悟りに達した如来には姿も形もありませんが、この姿も形もない無上の悟りに達した仏のことを、われら凡夫にわかりやすく説くために阿弥陀如来と申し上げるのだと聞いております。

したがって阿弥陀仏とは自然《じねん》の在りようを示すための手立てであるでしょう。[*1]この道理を心得たのちには、この自然ということをあれこれ穿鑿すべきではありません。あれこれと穿鑿していくならば、一切を本願に任せてこれを信じ、自分の分別心であれこれ計らうことはしないということまでが、なお一つの計らいになってしまいます。

自然とは、われわれの考えの及ばぬ仏の知慧なのです。

正嘉弐年（一二五八）十二月十四日

愚禿親鸞　八十六歳

＊1　阿弥陀如来をめぐっては第十四通の手紙の本文の注＊2の項でも触れたが、本通で記されていることは親鸞が到りついた信仰思想の核心であるので、なお解説を補足しておきたい。

釈迦の死後、歴史的人物としての釈迦＝仏陀は決して無に帰したのではなく、宇宙の真理そのもの（＝法身）の中に帰入したのだ（法身の仏）という考えが弟子たちの間で起こった。釈迦は宇宙の絶対的真理そのもの（＝法身）が、一切衆生救済のために肉体を纏って釈迦となり（応化身《おうげしん》の仏）、この世界に現れた、という思想で、すでに部派仏教の時期にいくつかの部派で起こっていたという。

では阿弥陀仏とはいかなる仏かといえば、永劫の昔、何千億劫という長い時間にわたって修行した法蔵菩薩とよばれる菩薩が、世自在王如来の前で一切衆生救済のための四十八の誓願を立てた。しかしてこの誓願はみな成就し、法蔵菩薩は阿弥陀如来となって（報身の仏）西方浄土を主宰している、という信仰である。

浄土教以外の仏教は釈迦のみの一尊教だが、浄土教は釈迦と阿弥陀の二尊教である。ところで親鸞の信仰思想の核心は、この阿弥陀仏を「報身の仏」であるとともに「法身の仏」と把握するところにある。色も形もない法身である阿弥陀仏が、自分を現わすために報身として現れてきた、と親鸞は考えた。

そしてこの阿弥陀仏が主宰する浄土思想や往相還相の思想も、親鸞は『浄土三部経』と『涅槃経』を引用しつつ極めて抽象化して説いている。

つまり、仏国土は阿弥陀の住処であるが、これを或る空間があってそこに何かがあるものとして捉えることは出来ないのだ。究極的に存在するのは絶対他力の働きであり、この働きを具体化すると、仏国土や阿弥陀仏になるということなのである。仏国土は阿弥陀の誓願によって出来たが、それは宇宙の働き自体が自己展開して誓願を立て、阿弥陀仏になることがすでにその中に組み込まれていた、法蔵菩薩という形で分節化したのであった。

つまり花咲き鳥歌う浄土というイメージの背後にあって、それを成り立たせている法身仏がいるのである。

浄土にいる者たちの姿も無極虚無の身で、色形を超えた真理そのものである。色形を超えた真理そのものが様々な姿をとって世界に現れてきているが、根源においては同一の真理、すなわち空に根ざしている。そしてこの根底にあって一切を支えているのが世界に満ち溢れる阿弥陀の絶対他力・平等力に他ならない。涅槃つまり悟りの境地に至る（＝往相廻向）ことはゴールではなくて、そこから働きの世界に入っていく（＝還相廻向）こと。場所として浄土を語るのは民衆教化の一助に過ぎないのだ。

第三十九通　直弟子真仏の叔父・高田の入道への返書

高田の入道大内国時（真仏の叔父であるといわれる）が、武蔵国に住む覚念房の死去を知らせてきた。これを読んだ親鸞八十七歳の返書で、高田専修寺に真蹟が残っている（『現代の聖典　親鸞書簡集　全四十三通』他）という。

返書からは、迫りくる老いを日ごとに深く感じている親鸞八十七歳の姿が彷彿としてこよう。またこの返書で、一足先に浄土に往って覚念房を待っていたであろうと記されている覚信房とは、下野高田在住の人で太郎入道と号し、慶信房の父である。彼は親鸞の『西方指南抄』を書写した。[*1] 高田の入道と覚念房、そして覚信房は共に下野高田に在住し、互いに親しい間柄であったのであろう。

＊1　本書第十九通は覚信房に宛てた親鸞の返書。また本書第三十七通はその子息慶信房への返書である。

閏十月一日のお手紙、たしかに拝見いたしました。覚念房のこと、生前の尊い思い出が次々に心に甦ってまいります。浄土へはわたくしが先に参るだろうから彼処で覚念房を待っているつもりでおりましたのに、先立って往かれましたこと、いうべき言葉もありません。先年亡くなりました覚信房は、必ず必ず先立って覚念房を浄土で待っておられたことでしょう。お二人は浄土でお会いになるに違いありませんから、ここに改めてわたくしが言う必要もないことです。

覚念房が日頃仰せられていたことは、わたくしの日頃の信心と少しも変わりありませんでしたから、わたくしたちは必ず必ず一つところへ参るに違いありません。

来年十月の頃まで生きておりましたならば、あなたとはこの世で疑いなくお会いできるでしょう。あなたのお心もわたくしと少しも変わらないのですから、たとえわたくしが先立ちましても必ず浄土でお待ちいたします。

ご当地の方々の御志はたしかにたしかに拝受いたしました。

何事も何事も、いのちのあります限りお話いたします。またあなたのほうからもお聞かせください。

あなたがお手紙をくださいましたことこそ、心に沁みて有難いことでした。言葉に尽くし難く思います。

また追って申し上げます。あなかしこあなかしこ。

閏十月二十九日

親　鸞（花押）

高田の入道殿　御返事

第四十通　唯信坊[*1]の問いに答える手紙

この手紙で触れられている十二光仏とは、光と徳そのものである阿弥陀仏を十二の角度から称讃するもので、

無量光仏《むりょうこうぶつ》・無辺光仏《むへんこうぶつ》・無碍光仏《むげこうぶつ》・清浄光仏《しょうじょうこうぶつ》・歓喜光仏《かんぎこうぶつ》・智慧光仏《ちえこうぶつ》
無対光仏《むたいこうぶつ》・炎王光仏《えんのうこうぶつ》・不断光仏《ふだんこうぶつ》・難思光仏《なんじこうぶつ》・無称光仏《むしょうこうぶつ》・超日月光仏《ちょうにちげつこうぶつ》

の十二の御名。十二の御名は『大無量寿経』上巻に記され、親鸞は『教行信証』の行巻および真仏土巻でも引用、精しく解説している。また八十八歳の時には「弥陀如来名号徳」を著し、十二光の一々を釈した。

この他にも「浄土和讃」の冒頭部で光そのものである阿弥陀仏を讃える曇鸞の「讃阿弥陀仏偈」を引用して自らも深く讃嘆し、「高僧和讃」では無碍光仏に帰依した世親、曇鸞を讃えている。頼住光子氏によれば、親鸞が阿弥陀仏を他の角度からではなく、「光」そのものである十二光仏として讃えていることは、その思想を考える上で重要であり、このことは、特に曇鸞の思想を継承して親鸞が、阿弥陀仏を色形を越えた宇宙の働きそのものである法身の仏と捉えていたことを示しているように思

われるという。*2

手紙には「書き記してお送りいたします」と記されているが、おそらくこれは、「弥陀如来名号徳」と同じ趣旨のものであったと推測されている。唯信房の依頼によって十二光仏の解説を書いた親鸞が、その解説に添えてしたためたものが本書簡である。なお、唯信房に与えた解説そのものは現在伝わっていない。

この手紙で親鸞は、十二光のなかでは「無碍光仏」の御名を基本にするように、と記している。そこで次に、「弥陀如来名号徳」のなかの無碍光仏を、親鸞がどう釈しているか一部分引用してみると、

「……この弥陀の御ひかりは、ものにさへられずしてよろづの有情を照らしたまふゆゑに、無碍光仏と申すなり。有情の煩悩悪業のこころにさへられずましますによりて、無碍光仏と申すなり。無碍光の徳ましまさざらましかば、いかがし候はまし。かの極楽世界とこの娑婆世界とのあひだに、十万億の三千大世界をへだてたりと説けり。その一々の三千大世界におのおの四重の鉄囲山あり。……・もし無碍光仏にてましまさずは一世界をすらとほるべからず。いかにいはんや十万億の世界をや。かの無碍光の光明、かかる不可思議の山を徹照して、この念仏衆生を摂取したまふにさはることましまさぬゆゑに、無碍光と申すなり」

＊1　この手紙が宛てられた唯信房という親鸞の門弟は常陸国奥郡と会津とにおり、このうちのどちらをさすか不明。

＊2　阿弥陀仏および阿弥陀仏の光に関しては本書第十通の解説および第十四通本文の注＊2参照。

人々が、阿弥陀仏にはどうして
無量光仏・無辺光仏・無碍光仏・清浄光仏
歓喜光仏・智慧光仏・無対光仏・炎王光仏
不断光仏・難思光仏・無称光仏・超日月光仏
という十二もの別名があるのだろうと話し合っておられるとのこと。これについて書き記したものを同封いたします。詳しく書き記すこともできず、不十分ではありますが書き記しました。

つまるところ、無礙光仏と申し上げることを根本となさってください。無礙光仏は、あきれ果てた悪に染まっているよろずのこと、よろずのものを、一切の障碍なくお助けくださいますので無礙光仏と申し上げるのだとみな様におっしゃってください。あなかしこあなかしこ。

十月二十一日　親鸞

唯信御坊御返事

第四十一通　乗信房への手紙

正嘉二年（一二五八）～文応元年（一二六〇）の約二年間、大風雨が京都や鎌倉をはじめ諸国を襲い、全国が凶作に見舞われていた。飢饉・疫病によって多くの死者が出た。

この手紙はこのような状況を背景に書かれている。

この時、親鸞は八十八歳。そして最晩年のこの時、彼はこの手紙でも若き日の師法然を思い出している。

法然は少年の日から秀才の誉れ高く、当時の最高学府であった叡山においても「叡山第一の秀才」「智慧の法然房」と讃えられ、同時に、その高潔な人格によってあらゆる階層の人々に帰依された卓越した名僧であった。しかし、法然は周知のように四十三歳で山を下り、みずからを「愚痴の法然房」「十悪の法然房」として専修念仏に帰入。

「聖道門の修行は智慧を極めて生死を離れ、浄土門の修行は愚痴に帰りて極楽に生まる」（『西方指南抄』）

と教え、臨終三日前に弟子に書き執らせた「一枚起請文」では、

「念仏を信ぜん人は、たとひ一代の法をよくよく学すとも、一文不知の愚鈍の身になして、尼入

道の無智のともがらにおなじくして、智者のふるまいをせずして、ただ一向に念仏すべし」
と教えた。
この手紙で親鸞は日頃このことを教えた法然の姿を思い出している。嘉禄の法難によって師弟が相別れさせられて五十余年。親鸞の瞼には今なお生き生きと在りし日の法然が甦っていた。

何よりも去年、今年、老少男女、多くの人々の死に遭遇いたしましたことこそ、侘しいことです。但し、生死無常の道理は如来が詳しく説いておられることで、今更驚いたりしてはなりません。

まずわたくし善信としては臨終の良し悪しを問題にしてはおりません。信心の定まった人は阿弥陀仏の誓願を疑う心がないのですから、この世においてすでに正定聚、つまりこの世においてすでに正しい悟りの境地に至り、この境地に住しているのです。であればこそ、愚かで無智な人も終りは目出度く如来の御計らいによって往生するのだ、と人々が言っていることに少しの間違いもありません。以前から皆さまに申し上げていることに違いは全くありません。

決して学者ぶった振る舞いはなさらないで往生を遂げてください。

亡き法然聖人は「浄土の教えに生きる人は愚者になって往生する」と仰せられたことを確かに承っております。その上、何の弁えもない人々がやって来るのをご覧になっては「必ず往生するであろう」とおっしゃって微笑まれるのを拝見いたしました。逆に学者ぶったことを言って偉そうに振舞う人がやって来ると、「あのようでは往生はいかがであろうか」と仰せられるのを確かに承りました。今に至るまで思い合わせられることです。

どうか他の人々の考えに影響されてあなたが如来から受けたご信心を惑わされたりせずに、みなみな、往生なさらなければなりません。但し人に惑わされなくても、信心の定まらない人というのは悟りに至ることなく、浮かれていて心の落ち着く先のない人です。

乗信房に以上のように申しましたことを、他の人々にもお伝えください。あなかしこあなかしこ。

文応元年（一二六〇）十一月十三日　　善　信八十八歳

乗信御房

第四十二通　今御前の母への手紙

宛名にある「今御前の母」の比定をめぐってはさまざまな説があるが、[*1] いずれにせよ、親鸞の近親者であることは確かである。なお、赤松俊秀『親鸞』はじめ多くの他の著者が「今御前の母」は親鸞の末娘覚信尼であろうと推定している。

ごく短いこの手紙に記されている「同封の手紙」というのは、本書第四十三通の「常陸の国の人々」宛の手紙であろうという。覚信尼は常陸国稲田郷の生まれであった。

本書第四十三通の手紙とともに西本願寺に真蹟が残るこれら二通の手紙には、筆跡に衰えがあり親鸞最晩年の遺言状にも相当する書簡（『現代の聖典　親鸞書簡集　全四十三通』）と見られる。

＊1　「今御前の母」が歴史的にどのように比定されてきたかについては赤松俊秀『親鸞』「一三涅槃に入る」参照。

常陸の国の人々に同封の手紙をお見せになってください。手紙に書いたことはわたしの気持ちそのままで少しも違っておりません。

ここに同封した手紙に勝るものはありませんから、読んだ人々はきっとわたしと同じ心でご覧になることでしょう。あなかしこあなかしこ。

十一月十一日　（花押）

今御前の母に

第四十三通　常陸の国の人々への手紙

　この手紙は本書第四十二通の手紙とともに、現存する親鸞書簡中最後のものと推定され、遺言状にも相当するものであろうという。

　「今御前の母」とは誰のことなのかをめぐっては、親鸞の末娘覚信尼をはじめ諸説があることは前述（第四十二通の解説）したが、この手紙に記される「即生房」についても、親鸞の第五子の有房（益方大夫入道）、親鸞の長子範意をはじめ多説がある。[*1]

　親鸞は肉親について殆ど語らなかったという。だが常陸の人々に扶持を依頼するこの二通はその中にあって異色であり、死が近いことを悟った親鸞の、近親者に対する厚い心遣いが全文に立ち込めている。

＊1　即生房の比定をめぐっても赤松俊秀『親鸞』「一一三　涅槃に入る」参照。

この今御前の母は頼るところもなく、わたくしが所領でも持っていればそれを譲りたいのですが、それも叶いません。わたくしが死にましたならば、常陸の国の方々、どうかこの者たちに情けをかけてやってください。

この手紙を宛てる常陸の方々を頼みとしておりますので、ともども申し合わせて哀れみをかけてやってください。

またこの即生房も、彼は生活していく術さえ持たない者でありますために、わたくしとして彼にどうこう申し置くことさえできないのです。即生房については何事も思うに任せず、その将来が案じられることは今御前の母の場合と変わるところがありません。ただ、わたくしの方からは彼に何も申し置いておりません。

常陸の国の人々だけが彼らを哀れんでくださるでしょう。どうか彼らを哀れみ愛おしんでやってください。

この手紙をご覧になって、みな様もきっとわたくしと同じ心になってくださると思います。あなかしこあなかしこ。

十一月十二日　善　信（花押）

常陸の人々の御中へ

第二部　恵信尼の手紙

解　説

以下の全十通は、親鸞の妻恵信尼が娘の覚信尼に書き送った手紙である。大正十年（一九二一）冬、西本願寺の宝庫で発見された。この手紙によって、それまで不明であった比叡山時代の親鸞の生活やその後法然の弟子となった経緯等が明らかになり、親鸞研究史の上でもきわめて重要な史料となっている。

発見された文書は譲り状二通と手紙八通の全十通であるが、譲り状は手紙とは性質を異にするとして、たとえば浄土真宗本願寺派が発行する『浄土真宗聖典』では恵信尼の手紙のなかには「譲り状」を加えていない。しかしこの「譲り状」は、「証文」であるとともに娘に対する恵信尼の私的手紙の趣きも備えており、本書では十通すべてを恵信尼の手紙として現代語訳を試みた。

ちなみに、石田瑞麿の『親鸞全集』別巻等は十通すべてを恵信尼の手紙として掲載している。

すでに記したように、「親鸞は自分のプライバシーについては堅く口を閉ざして、何も語ら」ず、「妻帯した生活での求道が親鸞の宗教のトレードマークであるにもかかわらず、結婚については一言も触れることがなかった」。

親鸞と恵信尼との末娘覚信尼の孫覚如の著書『口伝鈔』によると、親鸞と恵信尼との間には男女六人の子女がいた。[*1]

恵信尼の出生については諸説あるなかで、越後介三善為則の娘で寿永元年（一一八二）京都で生まれたとする説が有力のようである。そして親鸞が恵信尼と結婚したのは、法然門下として京都にいた時代で、越後流罪には恵信尼を伴っていたと考えて史料上の矛盾はない（平松令三『親鸞』「結婚をめぐって」）。

親鸞は流罪地の越後で恵信尼と結婚したという説もあるが、こう考えるには出生した子女の点で難点があり、越後で結婚したとは考えられないものがあり、親鸞は元久二年（一二〇五）三十三歳のときに、恵信尼と京都で結婚したと考えるのが最も自然な解釈である（赤松俊秀『親鸞』「ひたむきな勉学と結婚」）。

越後での流人生活が赦免されたのは建暦元年（一二一一）十一月であった。親鸞三十九歳。恵信尼は三十歳である。その後二十余年、恵信尼は親鸞に従って東国に赴き、建保二年（一二一四）から以後親鸞が京都に帰るまで、夫とともに常陸国笠間郡稲田郷で暮らした。

親鸞が畢生の大著『教行信証』の初稿を完成したのはこの稲田時代である。ひたすら研究と布教に明け暮れる夫の側らで、多くの子女を養育しながら恵信尼も忙しい日々であったろう。

そして二十年。親鸞が関東を去って帰洛したのは嘉禎元年（一二三五）前後であった。

この時、「恵信尼は当然親鸞に同伴して関東から京都に帰京したと」考えられるが、しかしその恵信尼が「いつのまにか越後国に下向したのは、相続した所領・下人など財産を管理する必要からであったらしい」。

恵信尼が越後介三善氏の「娘としてどれだけの財産を持っていたか不明である」。しかし「小黒女房・信蓮房明信・益方有房の三人を伴って越後に下り彼らの生活を支えたことから判断すると、少なくとも一～二町歩の零細な所領ではなかった」。「所有者はその土地に住んで絶えず（小作人や下人を）監督するのでなかったなら、領主が必要とするだけの年貢を徴収することは困難である」。そこで恵信尼はほどなく夫と別居して越後で生活することになったのであろう。「譲り状」によると、越後で恵信尼は「少なくとも八人の下人にかこまれ」、その生活が「在地領主的なものであったことは、下人所有の一事でも明らかである」（以上　赤松俊秀『親鸞』「家族の動静」）。

恵信尼の手紙十通を『定本　親鸞聖人全集』第三巻「解説」は、「譲り状」二通を除き、あとの八通は初めの四通と後の四通の二種類に分けられ、初めの四通は親鸞の往生を娘の手紙で知った恵信尼が「感慨に堪えず、内室としての所懐を記し、また久しい間の見聞を録して、その行実を偲び聖容を伝えたもの」であり、後の四通は「越後の僻地にあって、飢饉等の天災に苦しみつつ、念仏の信仰の中に余生を送った恵信尼の生活記録である」、と記している。

事実、恵信尼が覚信尼への手紙で親鸞の思い出を書き綴っているのは本書第三通～第六通までで、第七通以後の手紙はもっぱら現在の生活を娘に書き送ることに終始しているといってよい。

偉大な夫であったとはいえ、恵信尼はただ思い出に生きる女性ではなかったのである。現在を生き、第六通の手紙によると日記を付ける女性であった。私はそこに、親鸞の妻の人となりを見るのである。

ここで覚信尼についてであるが、その生没年は元仁元年～弘安六年（一二二四～一二八三）。親鸞の末子として生まれ、はじめに久我通光に右兵衛督局の女房名で仕えた後、親鸞のいとこの子・日野広綱と結婚。光寿（のちの本願寺第三代覚恵）と女子光玉を生んだ。光寿が七歳のとき広綱が死去したために、親鸞のもとに身を寄せ、晩年の父に仕えて、恵信尼の手紙に記されているように、父の死を看取っている。

死期を悟った親鸞の心配は、寡婦になって父の許にいる覚信尼のことであった。親鸞は常陸国の人々に、彼らが今まで親鸞の生活を支えてくれたように、「今御前の母」（＝覚信尼と推定されている）と「即生房」の生活を支えてくれるように、遺言している（本書「親鸞の手紙」第四十二通、第四十三通および同解説参照）。

親鸞の死後、覚信尼は小野宮禅念と再婚した。そして文永三年（一二六六）禅念との間に唯善を出生。そして建治元年（一二七五）、禅念が死去すると、禅念から譲られた東山大谷の敷地に親鸞の廟堂を建て、関東の門弟に代わってこれを守り、弘安六年(一二八三)、後事を覚恵に託して死去した。

初期真宗教団の基礎を固める上で、この覚信尼が果たした役割はきわめて大きかったといわれる。

＊1 小黒女房、慈信房善鸞、栗沢信蓮房明信、益方大夫入道有房、高野禅尼、右兵衛督局覚信尼の以上六人。なおもう一人、長男にあたる阿闍梨範意がいるが、範意は恵信尼の子ではないとする学者が多いようである。

第一通　「譲り状」その一

恵信尼が、京都の親鸞と別れて越後で暮らすようになってから二十余年。日付が建長八年（一二五六）七月九日と記されているが、この時、越後の恵信尼は七十五歳。京都にいる親鸞は八十四歳である。覚信尼は三十三歳であった。

慈信房善鸞を義絶したのは同じ建長八年五月二十九日で、当時親鸞は善鸞を義絶した悲しみとその悲しみを乗り越えんという決意の只中にいたと想像される。

善鸞義絶のことは当然越後にも伝わっていたであろう。しかし、現存する恵信尼の第一通書簡にあたるこの手紙の基本が「譲り状」であるためか、或は生母である恵信尼を善鸞は「ままはは」といっている（本書「親鸞の手紙」の第二十通参照）ためか、善鸞のことには全く触れられていない。

母恵信尼から譲られる男女八人の下人[*1]というのは、当時覚信尼は父親鸞の許に身を寄せていたと考えられるから、親鸞の家に仕えるための下人であったのだろうか。

＊1　第二通では八人と記されている。

若狭殿の御局[*1]、お取次ぎください。

ちくぜん[*2]

下人譲渡に関する書き付けを焼いてしまわれたと伺いましたので改めて申し上げます。

そちらへ参ります予定の者は、袈裟と申します女しもべ年三十六の者と、またその娘なでしと申します今年十六の娘と九つになる娘、の親子三人でございます。そして袈裟の継母の連れ子、この連れ子の娘で犬政と申します今年十二歳。また小鳥と申します女の年三十四。また安藤次と申します男でございます。

さて、袈裟の子供で今年三つになります男の子は、袈裟が他処の下人に馴染んで生んだ子でございますので、父親に引き取らせました。家の下人が他家の下人に馴染んだりいたしますと、総じて面倒なことになります。先刻ご承知のこととは思いますが、このこと、お忘れになりませんように。あなかしこあなかしこ。

（花押）

＊1　恵信尼が手紙の取次ぎを依頼している「若狭殿」というのは、覚信尼の侍女であろうといわれている。

＊2　署名が「筑前」とあるのは、恵信尼が親鸞と結婚する以前、京都の貴族の家に女房として出仕していて、その若かりし日の呼び名であったのではないか、と想定されている。

第二通　「譲り状」その二

五条西洞院に住んでいた（『御伝鈔』）親鸞八十四歳が火事で焼け出され、三条富小路の実弟尋有《じんう》の善法院に移って晩年をここで過ごしたことは前述（「親鸞の手紙」第十五通解説）したが、この「『譲り状』その二」は、この火事で最初に送付した「譲り状」も焼失したと聞いた恵信尼が再度書き記し（その一）、さらにそれが確実に届いたかどうか不安だとして再び娘に送った（その二）ものである。この心遣いも細やかであれば、使用人を雇うことになる心構えを細々と娘に伝授する言葉もまた、いかにも女性らしく、大雑把ではない恵信尼の人柄を彷彿とさせる。

ちなみに第一通、第二通とも、当時親鸞は健在で覚信尼と同居していた。

若狭殿お取次ぎくださいちくぜん

王御前にお譲りいたしました下人たちの証文を火事で焼いてしまったとの仰せですので、

先般、幸便に託してお送りいたしましたが、確実に届いたかどうか案じられ、この度の使いは確実ですのでもう一度お送りいたします。

お譲りした下人は袈裟という女。その娘のなでし年十六。その妹犬王九歳の女童。政という女。その娘の犬政十二歳。犬政の弟の七歳。また小鳥という女。そして安藤次という男。以上、大人と子ども合わせて八人です。この人たちについては、事新しく兎角のことを申す必要もありませんが、下々の者のことでありますので、万一何か面倒なことが起こることもあろうかとお手紙いたしました。

建長八年（一二五六）九月十五日　恵信（花押）

王御前へ

（追伸）

また出雲のことですが、逃げた後は落ちぶれて以前のようではなくなりました。子どもが一人もおらず、病弱であり、家業も身に付けていませんでした。一昨年、このことはお伝えし、出雲をお譲り出来なくなった代わりに財物をお送りいたしましたから、下人を使う時の御心得はきっとお持ちに違いありませんが、決してお忘れになってはなりません。あなかしく。

（花押）

今はあまりに年老いておりまして、手も震え、上手く花押も捺せません。だからといって、この証文は確かであり、ご不審があってはなりません。

（花押）

第三通　親鸞死去の知らせをうけて

弘長二年（一二六二）十一月二十八日、実弟尋有の善法院で親鸞死去。享年九十歳。翌二十九日茶毘に付され、三十日拾骨された。

覚信尼はじめ門弟顕智、同専海、その他。また越後の家族を代表して益方有房も上洛し、親鸞の臨終を看取った。

恵信尼の手紙をみると、拾骨が終った翌十二月一日、覚信尼は越後の母に親鸞が死去した知らせを書き送ったらしい。恵信尼のもとにその手紙が着いたのは十二月二十日過ぎ。

夫往生の知らせを受けた恵信尼の胸にまず浮かんできたのは、比叡山を下りた後の親鸞の歩みであった。

この手紙によって、それまで不明であった比叡山時代、親鸞が常行三昧堂の堂僧であったことや、また法然に帰依した経緯が六角堂参籠にあったことなどが明らかになったのである。なお、この手紙で恵信尼は、比叡山を下りた親鸞が百日間洛中の六角堂に籠り後世を祈っておられたところ

「九十五日目のあか月、聖徳太子の文《もん》を結びて、示現《じげん》にあづからせたまひ候ひければ、やがてそのあか月出でさせたまひて、……」

と記している。

当時六角堂は観世音菩薩の霊験あらたかなところとして知られていた。恵信尼の手紙における「九十五日目のあか月……示現にあづからせたまひ候ひければ」をどう読み取り解釈するのが正しいか。示現したのは本尊の観世音菩薩か、或いは六角堂の創建者とされていた聖徳太子か。恵信尼文書が発見されて以来、研究者の間ではさまざまに解釈が試みられてきたという。

そしてまた、「聖徳太子の文を結びて」という「文」には何が書かれていたのか。

これについて赤松俊秀は『親鸞』「源空の門に入る」で、「聖徳太子の文」に記されていたものは「行者宿報設女犯」ではじまる、

行者宿報にてたとひ女犯すとも
われ玉女の身となりて犯せられむ
一生の間よく荘厳して
臨終に引導して極楽に生ぜしめむ　文

の偈《げ》であったと述べ、「この偈を授けられて親鸞が感銘したことから考えると、当時親鸞の悩みは性欲を中心とするものであったことは疑いない」、と記して、昔から性の問題ほど仏道の修行者を悩ませたものはなく、女性に接する機会が多い常行三昧堂の堂僧として青年期に達した親鸞は戒を守って弥陀の仏身・浄土を観想しようとすればするほど、破戒してもという欲が深まり、叡山を下って六角堂に籠って祈念せざるを得なくなったのだ、としている。

ここで偈の意味は、

仏道修行者が前世の報いで妻帯することがあった時には、わたしが玉女の身になって妻となり、一生の間よくその修行者の身を飾り、臨終にさいしては極楽に引導しよう。

というもの。

なお、なぜ親鸞が下山したかをめぐっては、現在、この「性欲」説が「多くの人々の共感を得る傾

向にある」という。この間のことについては平松令三『親鸞』「夢告の偈文」に詳しく論じられており、参照されたい。

ただし、親鸞が比叡山を下りて法然に師事した経緯をめぐってはこれを語る確実な史料が存在しないために、周辺からの推測による他なく、したがって当然のことながら、この「性欲」説に対しては反対意見もまた多いようだ。

たとえば、増谷文雄は『親鸞の生涯』「京都の親鸞」で当時親鸞の心の中には法然の新仏教に向かって著しい傾斜が生じており、心のこの傾斜によって六角堂に参籠。百日の参籠中、ゆきずりに安《あ》居院《ぐい》の聖覚に出会って、この聖覚が法然に投ずる手引きをした、と想定。そのようであるのに「現代の文学者たちは、さらに想像を逞しゅうして、恒心なき青春を、不潔の断崖に追いやり、恥辱の淵に陥ちた人としてその人を描く」と批判している。

また佐藤正英氏は『親鸞と蓮如』「親鸞の生涯」で、その下山は「しばし説かれるような、若さの故の性欲の煩悶をめぐる煩悶や懐疑が原因だったのではない。また比叡山延暦寺の腐敗した現状に対する憤りや絶望によるものでもない。親鸞は仏の智を得るために学び修すべきことを、すべて学び修してしまったのである。親鸞を捉えていたのは、もはや比叡山延暦寺で学び修すべきことはないという、単純で性急な思いだったのだろう」と述べている。

「性欲」説か「非性欲」説か。

ここで平雅行氏の「女犯偈」の思想性を論じる『親鸞とその時代』「親鸞と女犯偈」は、結論として、「女犯偈」で第一に問われなければならないのが思想性であるにしても、しかし親鸞の夢告はなぜ女犯を素材とするものなのか、このことを考えれば六角堂に参籠した契機が性の悩みであった可能性が皆無とは言い切れない、と述べ、さらに、当時の親鸞の悩みがたとえ性の問題であったとしても、彼は性そのものに悩んだのではなく、性にまつわる思想性に悩んだのであり、それゆえに親鸞はその悩みの中から新たな宗教的世界を切り開くことが出来たのである、と論じている。

去年の十二月一日付のお手紙、同二十日過ぎにたしかに拝見しました。何よりもまず、殿（親鸞）が往生されましたことについてはここに改めて申すまでもありません。

その昔、殿は比叡山を下りて六角堂に百日お籠もりになり、後世をお祈りになったところ、九十五日目の明け方、夢に聖徳太子が現れてお言葉をお示しになりました。そこで殿はお目覚めになるや、すぐ六角堂を出て、後世が助かる道を示してくださる仏縁に会おうと捜し求め、法然上人にお会いになったのです。

法然上人にお会いになった殿は、以後、六角堂に百日お籠もりになった時のように、百日間雨の降る日も晴れの日もいかなる大事があろうとも通いつづけられました。

法然上人は、後世のことはただ一事に極まり、善人であれ悪人であれ、生死を離れることのできる道はただ一つであると仰せになったのです。

殿はこのみ教えを承り、しっかりとお心に思い定められましたので、法然上人がいらっしゃるところならば仮に人が何と言おうとも、たとえ地獄に堕ちると言おうとも、わたしはお供しよう、ここに到るまでは生々流転してきた身であるのだから、とまで思い詰められたのでした。殿は人びとが法然上人のみ教えをさまざまに非難した時にもそう仰せになったのです。

さて、わたくしたちが常陸国下妻の境の郷というところにおりました時、わたくしはこんな夢を見たことがあります。お堂の落慶供養に立ち会っているようでした。お堂は東向きに建っていましたが、宵祭りらしくお堂の前には松明が白く輝いていました。その西側のお堂の前には鳥居のようなものが建っていて、その横木には仏の絵像が掛けてあるのです。絵像の一つは仏の御顔がはっきりとせずただ一面の光のなかに仏の頭光《ずこう》のようなものがあるばかりでした。もう一つの絵像はまさしく仏の御顔でしたので、これは何という仏でしょうと訊ねますと、訊ねられたその何方とも分からぬ人は、

「あの光ばかりが輝いているのは、あれこそ法然上人、すなわち勢至菩薩であられますぞ」

と答えました。

そこでわたくしがもう一つの絵像は何という仏ですかとお訊ねしますと、

「あれは観音菩薩であられますぞ。すなわち善信の御房よ」

とお答えになり、そこでハッと目が覚めて、夢であったのだと分かったのです。

こんな夢を見たことがありましたけれども、こうした夢は人に言ったりするものではないと聞いておりますのに加え、わたくしのような者が申しましても人はとても本当とは思わないでしょうから、人には決して話さず、ただ法然上人の御事だけを殿には申し上げたのでした。

するとは殿は、

「夢の種類は数多いが、あなたが見た夢こそ正夢である。法然上人を勢至菩薩の化身と夢に見た人は多く、勢至菩薩は限りなき智慧を湛えた方であって、智慧はすなわち光そのものなのだ」

と仰せになりました。観音菩薩のことは申し上げずにおりましたが、その後は、心の中で殿を普通の方とは決して思わずに過ごしてまいりました。あなたもこのようにお心得になってください。

であれば、ご臨終のさまがどのようであれ、殿が浄土に往生されたことをわたくしは疑ったことはありません。その上、益方[*1]もご臨終を看取られたとのこと。親子の契りの深さとは申せ、うれしくうれしく思います。

また、この越後では去年の作物の出来が特に悪く、まったく驚くほどで、このままの状態では生きていくことができるとはとても考えられません。そこで転居したのですが、それも一箇所ではありません。益方と申します所、それから私が頼みにしている人の領地などもみな同じ有様なのです。世間の多くの人が凶作の被害を受けておりますので、わたくしたちが何所かに頼ろうにも頼ることのできるところはないのです。

このような状態の中で、長年奉公していた男たち二人が姿を消しました。これでは春の作物を作るための耕作もできず、いよいよ生活が不安です。

わたくしはこの先それ程長く生きる身でもなく、この世のことに心を煩わせてよいわけではないのですが、事はわが身一人に関わるものではありません。傍らには子どもたちがおります。親のいない小黒の女房の娘[*2]たちや息子たちがおります上、益方の子どももこちらに来ておりますので、わたくしは何か母親になったような気持ちなのです。この先、みなが生き延びることは難しいのではないかと不安なのです。

追伸

同封の文書は殿がまだ比叡山で堂僧[*3]を務めておられました頃、山を下りて六角堂に百日間お籠りになり、後世の救いを求めてお祈りになった時、その九十五日目の明け方に夢に聖徳太子が現れてお示しになった御言葉です。ご覧になっていただきたいと思い、書き記しました。

＊1 「日野一流系図」によると、益方とは親鸞の第五子・益方大夫入道有房のこと。出家名道性と号し、彼は益方に居住していたので益方と呼ばれていた。現在の新潟県上越市板倉区であるという。

＊2 「日野一流系図」によると、親鸞と恵信尼の娘。長女ともいう。小黒は地名で現在の新潟県上越市安塚区小黒とされる。

＊3 比叡山の常行三昧堂で、不断念仏をつとめる僧のことをいう。

第四通　夫親鸞の思い出

恵信尼、八十二歳のたより。

この手紙を書き記してお送りいたしますのも、殿が生きておられました頃は申し上げる必要もなかったのでお話しなかったのですが、亡くなられた今はこういう御方であったと心に留めていただきたく、書き記してお送りいたします。字の上手な方に書いていただいてお持ちになっていてください。

また、殿の御姿を描いたあの絵像一幅が欲しいと思います。

あなたがまだ幼く八つであった年の四月十四日から、殿がひどい風邪を引かれたときのことなどを書き記してあります。

わたくしは今年八十二になりました。一昨年の十一月から昨年五月までは今お迎えが来るか今お迎えが来るかとその日を待ったのですが、今日までは死なず、ただ今年の飢饉では飢え死にするのではないかと思っています。

あなたに手紙を差し上げながら、一緒に何もお送りすることができないのがいらだたしい思いですが、どうすることも出来ません。

益方にもこの手紙に記しましたことをお伝えください。手紙を書くのも大儀で、益方には別に書きませんので。

二月十日

第五通　夫親鸞の思い出

三部経読誦を内省する親鸞。


殿・善信の御房は寛喜三年（一二三一）四月十四日正午頃から少し風邪気味になられ、その日の夕刻から床につかれて容易ならぬ状態になられましたが、腰や膝をさすらせることもなさらず、日頃のご性格からして看病人も寄せつけないで、ただじっと臥せっておられました。わたくしがお体に触ると火のように熱く、頭痛もはげしいご様子です。

さて床につかれて四日目の明け方、苦しそうな中で、

「まあこれでよかろう」

と仰せになりましたので、

「どうなさいましたか。うわごとを仰せですか」
と申し上げますと、
「うわごとではない。床について二日目からわたしは『大無量寿経』を読み続けていたのだ。
ふと目を閉じると『大無量寿経』の文字が一字も残らず輝くようにはっきりと見えるのだ。しかしこれはまったく合点の行かぬこと、念仏の信心以外一体心にかかる何事があろう、と思ってよくよく考えてみると、十七、八年の昔、いかにもいかにも、衆生救済のためにといって『浄土三部経』を千回読もうとしたことがあった。しかし読み始めてから、これは一体何をしているのか、善導和尚の『往生礼讃』に
『みずから信じ、且つ人に教えて信ぜしむること、難きがなかに更にまた難し』（自信教《じしんきょう》入信《にんしん》、難中転更難《なんちゅうてんきょうなん》）
とあるように、みずから信じ人にも教えて信ぜしむることが真に仏恩に報い奉ることだと信じながら、名号の他に何の不足があって懸命に経典を読もうとするのか、と思い返して読むのを止めた。
そんな昔のことが心になおも少し残っていたのであろうか、人間の執心、そして自力を頼む心というものは、よくよく反省しなければならないと思った後は、夢の中で経典

を読むこともなくなった。そして床に臥して四日になるという明け方、『まあ、これでよかろう』と言ったのだ」

と仰せられたのです。

そしてこう仰せられるや、汗がたくさん出て回復されたのです。

『浄土三部経』を心をこめて千回読もうとされたのは、信蓮房[*1]四歳の年のことで、武蔵国なのか上野国なのか佐貫という所で読み始められたのですが、四、五日ほどで思い返し、読むのをお止めになりました。そしてそのまま常陸の国へと行かれたのです。

信蓮房は未の年の三月三日の昼に生まれましたから、今年は五十三歳になるかと思います。

弘長三年（一二六三）二月十日　　恵信

＊1　「日野一流系図」によると親鸞の第四子で、現在の新潟県上越市板倉区の栗沢に住んでいた。栗沢信蓮房明信と号す。

第六通　夫親鸞の思い出

日記を書く習慣のなかで。

先年差し上げたお手紙に、殿が病に臥されたのは寛喜三年（一二三一）四月四日からであったと認めましたが、当時の日記を読み返すと、殿が
「まあこれでよかろう」
と仰せになったのは、床に臥されて四日目ではなくて八日目の四月十一日の明け方でした。十一日は四月四日から数えて八日目に当たります。

若狭殿、お取次ぎください。

恵信

第七通　越後の暮らしを娘に伝える

八十三歳、飢饉に苦しむ。

京にいるあなたのお手許にもしかすると届くかもしれないと思って、越中の国へ行く人にこの手紙を託けました。

先年、八十歳の時、わたくしは重い病気をいたしましたが、八十三歳は寿命が尽きる年齢だと物識りの人が書いたものなどにも書いてあるようなので、今年は寿命が尽きると覚悟しております。

生きているうちに卒塔婆を建ててみたいと思い、石の五重塔を七尺で造るように頼みましたところ、塔師が引き受けてくれましたので、石塔が出来次第、建てようと思いました。ところが、去年の飢饉で益方の子供と以前からこちらにいる子供、そしてその他にも仕えている者たちの子供と、上下大勢いる子供たちを飢え死にさせまいと工面いたしましたため、着る着物もなくなってしまいました上に、白い着物を一度も着ないで（以下原文欠落）一人います。幼い頃は乙法師と申しておりました子供で成人した後は藤四郎と申します者に、そちらへ行くように申しました。この旨お心得ください。

袈裟の娘は十七になります。また小鳥と申します女には子供が一人もいないので七歳になる女の子を育てさせています。この子は親とともにそちらへ行かせます。

お話したいことがたくさんありすぎて書き尽くし難く、これで筆をとどめます。あなかしこあなかしこ。

第八通　越後の暮らしを娘に伝える

八十三歳、生あるうちに卒塔婆を。

京への幸便があることがうれしくお手紙いたします。今までも幸便があるごとにたびたびお手紙を差し上げているのですが、お手許に届いているでしょうか。

今年、わたくしは八十三になります。

去年今年は八十三の者は死に年に当たると申しますので、何事であれ、あなたとは意思の疎通をいつも密にしておきたいと思っておりますのに、確実にあなたの許へ届けてくれる伝手もありませんでした。

さて、生きているうちにと思って、七尺の石の五重塔を注文し、先方からはまもなく出来上がると言って来ておりました。ただ、注文した当時とはわたくしの住まいも転居しており、下人たちもみな逃げてしまっていて、万事につけ頼りない有様ですが、生きているうちに建ててみたいと思うのです。塔師からは間もなく出来上がり、こちらへ運ぶまでになっていると聞きましたので、何としても生きているうちに建ててみたいと思うのですが、どうなることでしょう。そのうちわたくしが死にもしてしまったならば、子供たちに建ててほしいと思っております。

何事であれ、生きている時は互いの近況を手紙の恒の往復で知っていたいと思うのです。京と越後と、遥かな雲の彼方のように離れていて、親子のまめやかな契りもないように思えてなりません。殊にあなたは末の子でいらっしゃるので愛しくてならないのですよ。お会いすることはできなくても、常日頃お手紙だけでもくださるということがなく、真実悲しく思います。

「文永元年[*1]」

五月十三日

追伸

さて、そちらへ行くことになっていた下人たちについてですが、以前申し上げました袈裟という者の娘が亡くなりました。袈裟にはもう一人の娘がおります。袈裟も病気がちの身です。乙法師といっておりました者は成人して藤四郎と申しますが、この藤四郎と二葉と申します今年十六になる娘には、そちらへ行くように申しやりました。

何事も手紙には尽くし難く、これで筆をとどめます。また以前からおりました小鳥には七歳の娘を育ててもらっていますが、娘ともどもそちらへ行かせます。

五月十三日（花押）

この手紙はあなたの許へ確実に届く幸便です。そこで細かに細かに書きしたためたいのですが、届けてくださる方が今すぐにとお急ぎになりますので細かく書くことができません。しかし、手紙を託すこの衛門入道殿はわたくしの心を伝えてくださるとのことでよろこんでおります。

この方が届けてくださるのですから、これは確かな幸便です。何事であれ、衛門入道殿に細かにお話になってください。あなかしこ。

＊1　「文永元年」は一二六四年。覚信尼の筆で書き入れられたとみられている。

第九通　越後の暮らしを娘に伝える

八十六歳、往生を待つ中で。


幸便があってよろこんでおります。

さて、わたくしは去年の八月の頃から腹痛の患いがあって悩んでおりましたが、どうしても良くならず煩わしいことでしたけれども、これ以外は年相応の老いの身で、呆けて正気を失った有様です。

今年は八十六歳になるのですよ。寅年の生まれですから。

またあなたの許へ参らせようと考えておりました者たちにもいろいろなことがありました。長年仕えておりました小鳥と申します女が、三郎太という者と結ばれまして、この三郎太はその後入道になって今さいしんと名乗っております。この入道の親類で右馬丞とかいっていた御家人には今年十歳になる娘がいます。この娘の母は加賀といって世にも穏やかな性格でわたくしが使っていたのですが、先年熱病が流行った年に死にました。それでこの子には親が無くなりましたので、小鳥には子供がいないことからこの小鳥に預けたのです。

また袈裟という者の娘でなでしと申します者は、ほんとうによい性格であったのですが、これも流行り熱病で亡くなりました。母親の袈裟はといえば、以前から頭に出来ていた腫れ物が治らず、いつまで生きていられるか分からないと言っています。

袈裟のもう一人の娘のほうは今年二十歳になります。この娘と小鳥とまたい（原文一字不明。恵信尼に仕えている者の名前か）く、そしてそちらにおりました時には乙法師といっていた子供は今は藤四郎と申しますが、この藤四郎に又そちらへ行くように申しましたところ、父母を残して京都に行くことは出来ないと心に決めています、と申しました。しかし、藤四郎のことはこちらで如何ようにも計らいます。この田舎で、何とか代わりの者を探し出して上洛させたいと、信蓮房が来ましたならば申し遣ります。ただし、藤四郎に代わる者が何人いるだろうかと気がかりです。

藤四郎のように信頼できる男はそう世間にいるものではありません。

また小袖をたびたび戴きました。今は死装束にする小袖もありませんので、うれしさは言いようもありません。今着ている小袖は息を引き取る時の小袖と切り離しては考えられないのです。今は死ぬ時を待つだけの身でありますから。

また、確かに届く伝手のある時に小袖を託けてくださる由ですが、今、わたくしのこの手紙を託す衛門入道は信頼できる人の筈です。

またあなたの娘・宰相殿は良縁を得られたでしょうか。あなたのお子さまたちのことは何でも皆、お聞かせいただきたいと思います。

筆には尽くしがたく、ここで止めます。あなかしこあなかしこ。

九月七日

ちくぜん

飛田の牧より

また、若狭殿も今は少しくお年を取られたことでしょう。心からおなつかしく思います。年をとると、以前はどうかと思っていたような人でも、懐かしく会いたくなるものです。加古の前のことも愛おしく、上蓮房のことも消息を聞いて懐かしく思います。あなかしこあなかしこ。

若狭殿、お取次ぎください。

第十通　越後の暮らしを娘に伝える

八十七歳、京都への幸便あるを喜ぶ。

若狭殿（原本、以下破損）

幸便がありますので、うれしく、お手紙を差し上げます。

さて、わたくしは今年まで生きているとも思わなかったのですが、今年は八十七とかにもなりました。寅年生まれですので八十七か八かになります。今は浄土に参る日だけを待っているのですが、歳だけはこのようにおそろしいほど取りましたけれども、咳をすることもなく、痰がからむこともありません。腰や膝をさすってもらうことも今のところありません。まるで犬のように元気に動き回っておりますが、今年になってあまりに物忘れがはげしくまるで耄碌してしまったようです。

ところで、昨年来、世にも恐ろしいことが数多く起こりました。またあなたが「すかい」の者に言付けてくださいました綾織りの衣、たしかに拝受し、言葉に尽くしがたくうれしうございました。

今は死ぬのを待っているだけの身でありますので、これが最後の頂き物になろうかと思います。今まであなたがお送りくださいました綾織りの小袖をこそ、わたくしは最後のときの死装束にしようと思って大切に仕舞っています。あなたからの贈り物、ほんとうにうれしく、衣《ころも》の表地にする布もまだ持っているのですよ。

また子どもたちのことはたいへん懐かしく、近況をお聞かせ頂きたいと思います。

あなたの上のお子のこともぜひお聞かせください。

ああ、この世でもう一度お会いすることも、あなたがここ越後へ来てくださる機会もないでしょう。わたくしは今すぐにでも極楽へ参る身でありましょうし、極楽では何ごとも明らかに眺めることができるのですから、よくよくお念仏を称えられて、ともども極楽でお会いいたしましょう。そしてともども極楽へ参り合わせたならば、何ごとも明らかになることでしょう。

またこの手紙は、近くに住む巫女の甥だとかいう者に託す便りです。手元があまりに暗くて詳しく書くことができません。

またよくよく確かな伝手があるときは、綿を少しお送りください。尾張の国の衛門入道が使いに発つ便《びん》こそが確かなのではないでしょうか。衛門入道がここ越後へ来ることがあるようには聞いているのですが、まだはっきりしたことは決まっていないようです。

あなたの上のお子の光寿御前[*1]が、修行のために京都を離れて旅に出るとかおっしゃっていましたが、まだこちらにお見えになってはおられません。

また若狭殿は、今はすっかり落ち着いて歳をとられたことでしょうと、ほんとうになつかしく思います。よくよくお念仏されてともに極楽でお会いしましょうとお伝えください。

何よりも何よりもあなたのお子たちのことを詳しく書き送ってください。聞かせていただきたいのです。一昨年かにお生まれになったとお聞きいたしましたお子のことも知りたいのです。

またあなたの許へ行かせましょうと申しておりました女の子も昨年流行した熱病で大勢の者と共々に亡くなりました。小鳥という女ももう歳をとりました。父親が右馬丞という御家人の娘をあなたのところへ行かせようと思い、小鳥に預けていたのですが、何とも不精な娘で髪なども整えず呆れた身なりをしています。ほんの子どもで残念なことです。

袈裟の娘で若葉という今年二十一になる娘は妊娠してこの三月とかに子を生むのですが、

男の子であれば父親が引き取るでしょう。若葉は以前にも今年五つになる男の子を生んだのですが、父方の跡を継ぐということで父親が引き取りました。今度もどうなるのでしょう。若葉の母親は頭に何かたいへんな腫れ物ができてはや十年余りになります。ただ時日が過ぎるだけで殆ど仕事はできず、本人もただ死を待つのみの有様ですと申しております。

上洛させてあなたのところに参らせておりましたときには乙法師と名乗ってまだ子どもであった者を、ふたたびそちらに行かせましょうとわたくしはあなたに申しておりましたが、今ではこの乙法師にも妻子がいるようになっておりますので、京都に行くとはまさか申しますまいと思います。

この尼・わたくしが臨終を遂げた後のことは信蓮房栗沢《くりさわ》に言い置きました。で、わたくしが死んだ後は、上洛してあなたの許へ行くよう、栗沢におっしゃってください。栗沢はどうしたことか、今、「のづみ」という山寺に籠もって不断念仏を始め、何事か祈ることがあるとか言っているそうです。五条殿（親鸞聖人）の御ために勤めると申しているようです。

いろいろお話したいことはあるのですが、この手紙を託す者が夜明けには出立すると申しておりますので、間に合うよう今この夜中に書いています。とても暗くてあなたに判読していただけるような字が書けませんので、ここで止めます。

また針を少し送ってください。この手紙を届ける者に託してくだされぱと思います。お返事の手紙のなかに入れてください。

なおなお、あなたの子どもたちのことを詳しくお知らせください。子どもたちのことをお伺いするのが何よりの慰みになるのです。

何事も書き尽くしがたく、ここで筆を止めます。

またあなたの娘・宰相殿はまだ結婚してはおられないのでしょうか。

あまりに暗くて一体どのように書いたのでしょう。とても判読することはできないことでしょう。

三月十二日午後十時

＊1　覚信尼の長男で本願寺第三世覚如の父。

親鸞の生涯

親鸞におきては、ただ念仏して、弥陀にたすけられまゐらすべしと、よきひと（法然）の仰せをかぶりて、信ずるほかに別の子細なきなり。

親鸞は弟子一人ももたず候ふ。そのゆゑは、わがはからひにて、ひとに念仏を申させ候はばこそ　弟子にても候はめ。弥陀の御もよほしにあづかつて念仏申し候ふひとを、わが弟子と申すこと、きはめたる荒涼のことなり。

（『歎異抄』より）

親鸞の信仰思想と生涯については極めて層の厚い研究と調査の蓄積がある。したがって詳細は、本書を記すに当たって学ばせていただいた主要参考文献を読んで頂くことにして、さしあたってここでは、親鸞の手紙を読むにあたって必要と思われるその生涯の概略を本書に挙げた参考文献をもとに記しておきたい。

親鸞は承安三年（一一七三）京都に生まれた。彼がやがて、生涯の師と仰ぐ法然は長承二年（一一三三）の生まれであるから、親鸞は法然のちょうど四十年後に生まれたことになる。下級貴族日野有範の長子であった。三人の弟がいたが、親鸞をはじめ三人の弟も皆、出家している。

親鸞は生涯、自分の生い立ちをはじめ自身のことについては全く、あるいは殆ど語らなかったという。しかし、曾孫覚如が記した『御伝鈔』（親鸞伝絵《でんね》）によると、親鸞は九歳の春、慈円の坊舎にいって剃髪出家。慈円の門下として天台僧になった。そしていつの頃からかは明らかではないが、妻の恵信尼の手紙によると、比叡山で堂僧をしていた。

その親鸞が山を下り法然の下に身を投じたのは建仁三年（一二〇三）春、二十九歳の時である。親鸞はなぜ山を下り、法然に師事したのか。親鸞において生涯最大の精神のドラマがあったに違いないこの間のことどもを、彼自身は生涯、全く何も語らなかった。そこで諸氏の憶測がなされるわけだが、これらをめぐっては本書の「恵信尼の手紙」第三通目および同解説を参照していただきたい。

親鸞が弟子となる以前、建久年間（一一九〇～一一九八）前後から法然の専修念仏の教えは京都で爆発的に「繁盛」（『愚管抄』、『明月記』）し、熊谷直実、源智、明遍、弁長、らが法然の弟子となっていた。九条兼実が帰依したのもこの頃である。そうしたところに親鸞が弟子入りしたわけで、親鸞が弟子入りした三年後には、親鸞が生涯、法然の教えを正しく継承しているとして信頼を寄せた隆寛が、法然の門に入っている。

法然が『選択本願念仏集』を兼実の求めに応じて著したのは建久九年（一一九八）であるが、その書写を許された少数の弟子の中に、親鸞もいた。

「承元の法難」が起きて法然が四国へ、親鸞が越後へ流罪になったのは親鸞三十五歳の春である。

法然は七十五歳であった。

従来、親鸞が恵信尼と結婚したのはこの越後（現在の上越市あたりであろうという）流罪中であったのではないかともいわれ、現在もこの説を採る研究者もいるが、親鸞と恵信尼との子女の出生から推して、赤松俊秀や平松令三氏らは親鸞の結婚は京都時代で、越後には妻子を伴っていたと推定している。法難で流罪になった人々に赦免が下りたのは、建暦元年（一二一一）十一月であった。法然はこの年の年末に帰京し、東山大谷の住房に入ったが、年明けとともに所労と老衰で一月二十五日に死去した。八十歳。

一方、赦免をうけた親鸞四十歳は京都に帰らず、しばし越後に止まった後、建保二年（一二一四）頃、家族ともども関東に入っている。

「たとえ地獄に堕ちても」[*1]というほど、生涯を通じて法然を思慕する心きわめて深かった親鸞が、なぜ京都に帰った法然の後を追って帰京しなかったのか。

その理由としては、赦免が下った年の春には信蓮房が生まれており、嬰児を連れての長旅などできないままに帰京の準備をしているさ中、法然が死去してしまったということと、京都に残る弟子達の信仰が、法然の中陰法要に掲げられた多分に密教的な本尊を見ても明らかなように、法然の専修念仏の教えからは著しく右傾化し、旧仏教の信仰の側に後戻りする様子を見せていたこと、等が考えられるという。

ともあれ、親鸞は京都に赴かず、関東に向かった。

赦免後の移住先がなぜ関東なのか。

これに関しては諸説あるなかで、現在もっとも有力視されているのは、善光寺勧進聖説である（平松令三『親鸞』参照）。なお親鸞が善光寺勧進聖であったことについては「親鸞の手紙」第三通の解説に記した。

関東へ入った親鸞は常陸の下妻に三年、稲田に十年居住した。『教行信証』の初稿はこの稲田で書かれたという。

越後から関東へ。そして京都へ。

親鸞が京都に帰ったのは一般的には六十歳の時と伝承されている。また帰京の理由も学会に定説がないというが、平松令三氏は「法然の弟子として専修念仏を弘めようという使命感を抱いて、そのための手段として善光寺聖の仲間に身を投じ、関東に入ったという目的が、二〇年間でほぼ達成した、という安堵感が関東を去らしめたのではないか」という。

京都に帰った親鸞は五条西洞院に落ち着いた。

現在に伝わる親鸞の手紙は、すべてこの帰京後、関東に残してきた門弟たちに宛てて書かれたものである。

二十年に近い布教において、関東各地には真仏、性信はじめ多くの門弟が散らばり、かれら門弟たちがまたその下に自分の弟子を持っていた。

そうしたところに、親鸞が子息善鸞を関東へ派遣したのは親鸞八十歳前後のことであったろうという。善鸞を下向させた理由は、関東教団の間で「地獄へ堕ちる悪人こそ阿弥陀仏の救いの対象なのだから現世ではいかなる悪をしてもよいのだ」という造悪無碍の説が蔓延しだし、これを憂慮した門弟たちが親鸞に下向を要請したのに対し、高齢の親鸞が自分の代理として善鸞を派遣した、という説が有力である。

ところが善鸞はこの造悪無碍説に対抗するために「賢善精進」説でかれらを教化しようとし、現地の政治的権力とも結んで造悪無碍を称える念仏者を取り締まろうとしたようである。やがて彼は自説に権威をもたせるために、父親鸞は真実の教えを夜、自分善鸞にだけひそかに教え、関東の直弟子たちに親鸞は真実の教えを教えなかった、と言い広めだしたらしく、関東の同朋たちは大いに動揺したのである。さらに善鸞は鎌倉幕府に常陸、下野の同朋たちを訴え出、事態は念仏が幕府から弾圧されるまでに至った。

同朋たちの動揺は深刻であった。

善鸞の言動とそれがもたらした深刻な波紋を知った親鸞は善鸞を義絶。たびたび手紙を書いて同朋たちを真の念仏信仰に導くべく努力した。現存する四三通の手紙のほとんどは「どこかで善鸞義絶事件にかかわっている」。

やがて事態は性信らの努力によって一応の解決をみたようである（第二十一通参照）。

善鸞事件で親鸞が受けた傷みは大きかった。

以後、本書の「解説」にも記したが、親鸞はあたかもその信仰を再度検証するかのように、事件の前後から死去する年にいたるまで、法然の弟子聖覚の『唯信鈔』、同じく隆寛の『自力他力事』『後世物語』その他の書写をくり返し行い、『教行信証』を完成させ、『唯信鈔文意』『愚禿鈔』『如来二種廻向文』『浄土文類聚鈔』『浄土三経文類』『一念多念文意』『正像末和讃』その他を著し、法然の言行録

『西方指南抄』を編集した。

弘長二年（一二六二）十一月二八日、親鸞は死去した。九十歳。枕辺には末娘の覚信尼、子息益方、門弟顕智がその臨終を見守った。

日本の仏教史上、はじめて正式に妻帯した親鸞。それは非僧非俗の身分としてみずからを「愚禿親鸞」と名乗り、日本の仏教に新しい地平を切り開く力業を成し遂げた、求道一徹のひたぶるな生涯であった。

静かな臨終であったと思う。

＊1 「たとひ法然聖人にすかされまひらせて、念仏して地獄へおちたりとも、さらに後悔すべからずさふらふ」（『歎異抄』）

あとがき

『法然の手紙――愛といたわりの言葉』を上梓してから二十年の歳月が経つ。この間、法然を生涯思慕し続けた親鸞の生涯、そして思想とは、どういうものであったのだろうか、とわたくしは親鸞のことが知りたくなった。

そこで目に付いた本を購入しているうちに、本棚の一隅は親鸞関係の本でいっぱいになってしまった。はじめのうちは一冊、二冊と気の向くままに頁を開いていたが、その生涯を記したものはともかく、親鸞自身の著書や手紙となると、宗門外の者であり、浄土真宗の研究者でもないわたしにとっては、難解にすぎ、意味の分からぬものが余りに多かった。

親鸞の手紙の現代語訳は「参考文献」で記したように、管見に入っただけでも、特に近年、何種類も出版されている。しかし例外を除いてその殆どは宗門の方々によって訳出されたものであり、信仰の核心にふれる言葉は他の言葉に置き換えないという前提のためか、宗門内の専門用語が多すぎてわたくしには意味がよく分からないものが多かったのである。また手紙一通ごとに何らかの解説が付されている現代語訳も、周辺の背景や信仰内容、そして専門用語を理解した真宗信徒であれば通じても、宗門外の者には余りに分かりづらく読みにくく、したがって興味も湧かないように思われた。何を言っているのか意味が分からない場合が多かった。

そのようなことから、親鸞の手紙をわたくし自身、しっかりと読んでいきたい、と願ったことが、現代語訳を思い立った動機である。

現代の多くの読者にとって、親鸞の手紙を逐語訳したのではそのメッセージの内容はほとんど通じず、また興味も湧かず、面白くもないのではないだろうか。

この思いから、本書では逐語訳をせず（したところも多いが）、たとえば信仰内容が専門用語でしたためられているようなところは、原文の味わいを極力生かしながらも、訳出にあたって、その信仰内容を解き明かす言葉を加えている。

逐語訳して、一般読者には分かりにくい言葉や内容をすべて「解説」にまわすとすれば、一通一通の手紙自体がはなはだ分かりにくく、読みにくく、手に取りにくい本になってしまうと思った。このようなことから本書では、逐語訳するよりも、親鸞の手紙の原文を極力離れずに、現代の一般読者にも読みやすいものであるように心がけた。

以上のような趣旨で現代語訳された本書は、あくまでも一般読者向けのものであり、親鸞の手紙の原文、或は逐語訳を試みた訳出書、研究書としては、本書「主要参考文献」で挙げた他の方々のものを読んでいただきたいと思う。

かつて法然の手紙を訳出した時、怖いもの知らずであったというべきか、特に難しいと思わず、一直線に一語一語を現代の言葉に置き換えていった。だが今回、親鸞の手紙を訳出するにあたっては、誤訳もあるかと思うが、各種の現代語訳を参考にさせて頂きつつも非常に難しく、苦労した。

わたくしなりに親鸞を学ばせていただいて最も心に残っているのは、「浄土」に関する親鸞の思索である。

親鸞の「浄土」観はたとえば『教行信証』「真仏土巻」に体系的に展開されており、ここに現代語訳を試みた手紙にも、その「浄土」観に基づいた信仰が各所で記されている。一般にわれわれは「天国」あるいは「浄土」を、空間的に場所を有する花咲き鳥歌う楽園として夢想する。そしてこう夢想することは辛苦に満ちたこの世を生きていく支えとなろう。人類誕生以来の何千億、何十兆の人間が永遠に楽しく暮らしていく楽園。

不勉強なわたくしは、若い頃そんな子どもっぽい楽園観から自由になれないでいた。

しかし親鸞において、「浄土」とはそのような場所と空間を有する楽園ではないのであった。

また戦後の一時期、西欧近代思想が謳歌されるなかで、わたくしは、仏教は仏像を礼拝する偶像崇拝である、と聞かされてきた。しかし少なくとも親鸞の手紙を読めば分かるように、仏教は偶像崇拝ではない。

仏像は「三身」のそれぞれ象徴である。

また阿弥陀仏は実体をもつ仏ではない。親鸞の「浄土」観、阿弥陀仏観における「法身、報身、応化身」というきわめて抽象度の高い三身の信仰思想には深く教えられたし、その信仰思想は、世界宗教としての普遍性を持っている。そしていうまでもなく、この三身思想は親鸞が世親・曇鸞に示唆され、世親・曇鸞を継承し、さらに展開・深化していった信仰思想で、その信仰の核心中の核心なのである。

なお、これらのことをめぐっては本書第三十八通の「自然法爾章」をはじめ第二十二通の親鸞書簡および第十四通本文の注＊2等を参照していただきたい。

浄土教系かそうでないかの別なく、仏教信仰の根本は「四諦《したい》」と「縁起」の思想にあるという。そしてここから生まれてくるのが「共生《ともいき》」の思想と実践である。かつては謳歌された個人主義・合理主義、そしてそこに発生する弱肉強食の西欧近代思想が暗礁に乗り上げ、先の見通しがたたない閉塞感が時代全体を覆っている今日、「縁起（絆）」と「共生《ともいき》」を説き続けてきた仏教は今、時代から呼び出されている。

仏教が果たす現代的使命は大きいのだ。

往相・還相廻向をその教説の中心に据えて、親鸞が説いたのも、究極において、往生の後は「一刻も早く」（法然の「式子内親王宛の返書」）還相廻向してきて、世の人々を助けるべく、この「縁起（絆）」と「共生《ともいき》」に生きよということではなかったか。この点については、親鸞自身が書簡の各所で「これらはみな大師法然上人から直接わたくしが聞いたことです」と言い、また「式子内親王宛の返書」に記されているように、法然自身の教えでもあった。

数年前、機会を与えられて、知恩院で梯実圓師を「囲む会」の諸師・信徒の方々にお目にかからせていただいたことがある。

浄土真宗の方々にお目にかかったのはそれが初めてであった。実に真摯、熱心な信仰に燃える方々で、その時受けた深い感動を忘れることができない。その真摯にして誠実、熱意に燃える信仰と実践はどこからくるのであろうか。現代語訳しつつわたくしの心には、真仏、性信、その他親鸞の手紙を受け取った弟子達の姿に、「囲む会」の方々の姿が重なっていた。

二十年前、法然の手紙を、わたくしは思わず合掌し、感謝の涙をこぼしながら訳出していった。そして今、親鸞の厳しい求道に徹した生涯にわたくしは居ずまいを正され、襟を正されている。

なおこの数年、御茶ノ水女子大学教授頼住光子氏の「『教行信証』を読む」講座を受講させていただき、親鸞の信仰について多くの教示を受けたことと、東京経済大学図書館のお世話になったことを記して、感謝にかえさせていただきたいと思う。

さいごに、拙い原稿が一冊の本になって上梓されることができたのは、前著『法然の手紙　愛といたわりの言葉』のときと同じく、まったく人文書院谷　誠二氏のお蔭であった。これらの日々、日ごとに強く教えられたのは、谷氏がいかに優れた編集者であられるか、ということである。ほんとうにありがとうございました。

二〇一三年三月

石丸晶子

主要参考文献

親鸞聖人全集刊行会編『定本親鸞聖人全集』第三巻（法藏館、一九六九）
教学研究所編『親鸞聖人行実』（真宗大谷派宗務所出版部、二〇〇八）
増谷文雄解説『親鸞集』（日本の思想三、筑摩書房、一九六八）
石田瑞麿『親鸞全集』第一巻～第四巻、別巻（春秋社、一九八六～一九八七）
石田瑞麿『親鸞』（日本の名著六、中央公論新社、一九八三）
真宗聖教全書編纂所編『真宗聖教全書』（大八木興文堂、一九四一）
桐渓順忍・神子上恵龍・藤原凌雪『親鸞教全集　真宗聖典』（教育新潮社、一九七二）
中村元・早島鏡正・紀野一義訳注『浄土三部経』上下（岩波書店、一九九一）
早島鏡正『悪人正機の教え』（日本の仏教第八巻、筑摩書房、一九六七）
親鸞『教行信証』金子大栄校訂（岩波文庫、一九五七）
梯　実圓『教行信証の宗教構造』（法藏館、二〇〇一）
真継伸彦『現代語訳親鸞全集・一～四』（法藏館、一九八三）

寺山文融『親鸞「御消息」講讃（倫理の教意）』（永田文昌堂、一九九一）
霊山勝海『末燈鈔講讃』（永田文昌堂、二〇〇〇）
五十嵐大策『親鸞聖人御消息講読』（永田文昌堂、二〇〇二）
細川行信・村上宗博・足立幸子『現代の聖典　親鸞書簡集　全四十三通』（法蔵館、二〇〇二）
教学伝道研究センター編『親鸞聖人御消息・恵信尼消息（現代語版）』（本願寺出版社、二〇〇七）
坂東性純『親鸞和讃』（ＮＨＫ出版、一九九七）
市川良哉『親鸞の語録を読む』（永田永昌堂、一九八四）
菊村紀彦『親鸞のことば』（雄山閣、一九九四）

赤松俊秀『親鸞』（人物叢書、吉川弘文館、一九六一）
西本願寺教学振興委員会編『歴史のなかの親鸞』（筑摩書房、一九七三）
平松令三『親鸞』（吉川弘文館、一九九八）
平松令三『親鸞の生涯と思想』（吉川弘文館、二〇〇五）
平　雅行『親鸞とその時代』（法蔵館、二〇〇一）
河田光夫『親鸞からの手紙を読み解く』（明石書店、一九九六）
田代俊孝『親鸞の生と死』（法蔵館、二〇〇四）
佐々木正『法然と親鸞』（青土社、二〇〇三）
草野顕之編『親鸞』（日本の名僧八、吉川弘文館、二〇〇四）
増谷文雄『増谷文雄名著選Ⅱ』（佼成出版社、二〇〇六）

梯　実圓『親鸞』（大法輪閣、一九九九）
梯　実圓『花と詩と念仏』（永田文昌堂、一九九五）
細川　巌『晩年の親鸞』（法蔵館、一九九四）
畑　龍英『親鸞を育てた一族』（教育新潮社、一九八三）

早島鏡正『親鸞聖人と恵信尼公文書』（文明堂、一九七二）
貞包哲朗『親鸞聖人の手紙に学ぶ』（教育新潮社、一九九八）
今井雅晴『親鸞とその家族』（自照社出版、一九九八）
五木寛之『私訳　歎異抄』（東京書籍、二〇〇七）

『現代思想・総特集＝親鸞』（青土社、一九八五・六）
朝日新聞社出版局・筒井企画事務所編『親鸞と蓮如』（朝日新聞社、一九九二）
ＡＥＲＡ Ｍｏｏｋ『親鸞がわかる』（朝日新聞社、一九九九）

南山宗教文化研究所編『浄土教とキリスト教』（春秋社、一九九〇）
武田龍精編著『親鸞浄土教とキリスト教』（龍谷大学仏教文化研究所、一九九六）
門脇佳吉『日本の宗教とキリストの道』（岩波書店、一九九七）
平松令三・秋場薫・神崎充晴・小松茂美『善信聖人親鸞伝絵』（続々日本絵巻大成、中央公論社、一九九四）

石丸晶子編訳『法然の手紙　愛といたわりの言葉』（人文書院、一九九一）
菊村紀彦編『親鸞辞典』（東京堂出版、二〇〇一）
『日本語大辞典』（講談社）
『日本国語大辞典』（小学館）

編訳者略歴

石丸晶子（いしまる・あきこ）

1935年東京生まれ。東京大学文学部卒。同大学院人文科学研究科博士課程修了。東京経済大学教授を経て，現在，同大学名誉教授。日本近代および現代文学専攻。

著書に『有島武郎――作家作品研究』（明治書院，2003）
『万葉の女たち男たち』（講談社，1986）
『式子内親王伝――面影びとは法然』（朝日新聞社，1989）
『法然の手紙――愛といたわりの言葉』（人文書院，1991）
『歴史に咲いた女たち』三部作（廣済堂出版，1991～1993）
『蜻蛉日記――ある女の人生史』（朝日新聞社，1997）他。

ISBN 978-4-409-41080-6 C0015

親鸞《しんらん》の手紙《てがみ》
附・恵心尼の手紙

二〇一三年 五 月 五 日 初版第一刷印刷
二〇一三年 五 月一〇日 初版第一刷発行

編訳者 石丸晶子
発行者 渡辺博史
発行所 人文書院
京都市伏見区竹田西内畑町九
電話 〇七五(六〇三)一三四四
振替 〇一〇〇〇-八-一一〇三
印刷 ㈱冨山房インターナショナル
製本 坂井製本所

http://www.jimbunshoin.co.jp/